JN033180

料理の時間

長尾智子

誰の日常にもある料理をする時間。それは作る人のものです。それを億劫に思うか、いろいろな素材と向き合う、料理することに没頭できるような良いひと時にするかは考え方次第。

料理をすることがあまり得意でないと自分で思っていた友人は、毎日食べるものはこんな感じが心地いい、と気づいてから作るものが決まってきて、おのずと食事の支度が大事な時間になったと言います。

向き合えることがあるのは悪くないどころか、気分転換や工夫の楽しさに気づけば、頑張る日、さぼる日と、力の入れ方からも自由になれます。極端に言えば、1日3食必ず食べなくても、何が必要かは自分に聞けばわかり、それがすべてのバロメーター。

自然な感覚に従って、強弱とバランスで料理していければ、義務にも感じることのある料理から解放されそうな気がします。何しろ、作ってみればわかること。野菜をさっとゆでて塩と少しの油で十分おいしい、大満足、と知ることでいくらでも楽になれるというわけです。

この本は、数年の間続いた、男性向けの料理指南の連載から生まれました。常々、誰でも何かしら作れるものがひとつあるといい、と思っていたので、料理はできた方がいい、自分のため、周りのため、いざという時のサバイバルのため。男性が料理をしないのが当たり前なのは、かなり前の時代のことなのではと思います。料理をひとつのエクササイズ、つまり、何種類かのことを頭の中で組み立てたり、身体の使い方で効率をよくしたり、立体的に物事を考えたり、というようなことに加えて、何を食べるかによって変わる意識や体調や、はたまた料理を通して自分以外の周りの人に対しての思いも変わることがある

料理の時間は自分のもの

とすれば、やらねば損、なのが料理という創作活動。

　まずはよく切れる包丁を買うべし、というところから始まって、いろいろな料理を紹介してきました。よく考えれば、男女問わず当てはまることで、心身ともにエネルギーを蓄えることは、すべての人に必要なこと。ただし、やりすぎはストレスにつながりますから、良い距離と関係を保てば、料理することが心の糧となると思います。そう考えていくと、何事にも欲張りにならず、程よい距離感で過ごす、というのが今の時代に合っている感覚でしょう。

　自由気ままにたくさんの料理を前に集うことは、ずっと昔のことのよう。すっかり遠のいてしまいましたが、その分を同じように作って保存できるものはして、また食べる、とすることが、日々の快適さにつながる気がして、煮込み料理などは割合たっぷりした量にしてあります。それは、自分で作り、自分を楽にする方法です。作りおくことで、楽を担保できるとも言えます。主菜があればサラダをさっと作ればいい、というような日は、食事の後の時間がいつもよりゆったりするかもしれません。ささやかな、おまけのように気楽な日を生み出すことも、今はとても大事な気がします。

　この本には、いろいろな料理が並んでいます。ゆったり、まったり、ばかりでなく、がっつり、もあります。
　料理の時間は、別の時間も生み出すもの。何かひとつ、あなたの好きな料理ができるといいなと思うのです。

2021年7月
長尾智子

春から夏の彩り豊かな野菜の料理

野菜の重ね蒸しサラダ 006-009

初夏のサラダ 010-013

いわしのオリーブオイル焼き 014-017

夏野菜のトマトカレー 018-021

あじフライのサンドイッチとコールスロー

.... 022-025

タパスを楽しむ4品 026-029

　トルティーヤ、ハモンセラーノときゅうり、

　えびとマッシュルームのアヒージョ、

　パン・コン・トマーテ

スパイスを効かせた4品 030-033

　チキンと野菜のタンドーリ、

　レモン風味のミックスサラダ、

　ガルバンゾと甘長唐辛子のスパイス炒め、

　ターメリックライス

沖縄風味の3品 034-037

　ラフテー風煮込み、

　もずくとトマトの酢のもの、

　菜の花のチャンプルー

アジア風味の3品 038-041

　カオマンガイと2種のたれ、

　蒸しなすとえびのヤム、香菜の卵焼き

季節の素材①

「トマト」 042-045

　トマトとモッツァレラチーズのサラダ

　チキンソテー ミニトマトのソテー添え

　オーブン焼きトマトソースの

　　リングイネ カジキのソテー添え

「なす」 046-049

　なすとアンチョビのディップ

『料理の時間』　目次

〈料理を作る前に〉

○計量の単位

　　1カップ ...... 200㎖

　　大さじ1 .... 15㎖

　　小さじ1 .... 5㎖

○植物油は米油、

　　グレープシードオイル、

　　太白ごま油、

　　菜種油など、

　　好みのものを選ぶ

なすとブルーベリーのマリネ

なすのフライ チーズ風味

「ズッキーニ」...................... 050-053

ズッキーニとトマトのオーブン焼き

ズッキーニとアンチョビのソテー

ズッキーニといかのサラダ

「菜の花」...................... 054-057

菜の花のソテー

菜の花みそと薄切り大根

菜の花とあさりのパスタ

「グリーンアスパラガス」............ 058-061

グリーンアスパラガスのグリル

グリーンアスパラガスとからすみのパスタ

グリーンアスパラガスのマスタードごま酢和え

「かつお」...................... 062-065

かつおとハーブのタルタル

かつおのたたきサラダ

かつおのフライとライムマヨネーズ

秋から冬の温まる煮込みとオーブン料理

ハッシュドビーフと卵とチーズのグリーンサラダ
.... 066-069

ポテとビーツのサラダ 070-073

塩漬け豚肉と野菜のスープ 074-077

チコリと白菜、ムールのクリーム煮
.... 078-081

たらと野菜のスープ................... 082-085

牛肉のビール煮 086-089

野菜とマカロニのグラタン 090-093

豚肉、あさりと野菜の鍋 094-097

たらと野菜の鍋 098-101

季節の素材②

「きのこ」...................... 102-105

きのこ3種のクリーム焼き

舞茸と黒豆の炊きおこわ

鶏肉ときのこのソテー

「さんま」...................... 106-109

さんまのコンフィ

さんまとししとうの辛味噌煮

さんまのアンチョビ焼き

「ラム肉」...................... 110-113

ラムチョップのソテー トマトとパセリのソース

ラム肉とひよこ豆のカレー

ラムソテーのサンドイッチ

「カリフラワー」...................... 114-117

カリフラワーとグリーンオリーブのパスタ

カリフラワーのサブジ

カリフラワーとたらのポタージュ

「じゃがいも」...................... 118-121

ジャケットポテト

やわらかいマッシュポテト

コーンビーフポテト

酒の肴 122-125

しょうが味噌

アンチョビソース

焦がしバター／冷やしバター

デザート 126-127

プルーンの小菓子

アイスクリームのチョコレートソースかけ

甘酒あずきアイス

春から夏の
彩り豊かな野菜の料理

野菜の重ね蒸しサラダ

野菜の重ね蒸しサラダ

野菜をたっぷり食べるためのサラダです。
温サラダとして、または常温や冷製でもおいしいので
とても気楽。肉や魚の主菜に添えると、
付け合わせとソースを兼ねる万能な野菜料理です。

材料（3～4人分）
ズッキーニ 中1本
パプリカ 中1個
玉ねぎ 中1個
トマト 小さめ2個
ミディトマト 8個
ブロッコリー 小さめ1株
じゃがいも（メークイン） 大きめ2個
にんにく 1片
塩、こしょう ....各適量
オリーブ油 約大さじ3
好みのパン、サラミ、アンチョビ、レモンなど
............................各適量

1

ズッキーニは両端を切り落として、7～8mm
厚さの輪切りにする。パプリカは縦に4等分
して、ヘタ、タネ、ワタを取り除き、横にひと口
大に切る。玉ねぎは、縦に4等分して、皮をむ
き、横にひと口大に切り分ける。トマトは、2
等分してヘタを切り、ミディトマトはヘタを切
り取る。ブロッコリーは、小房に切り分ける。
芯の部分は皮を厚めにむく。じゃがいもは皮
をむき、大きければ縦に2等分して、1cm厚
さに切って、軽く水にさらす。にんにくは皮を
むいて、縦半分に切り、芯をはずす。

2

大きめの鍋にじゃがいもと玉ねぎ、パプリカ、
にんにくを入れ、300mℓ（材料外）の水を注ぐ。
軽く塩を振り、オリーブ油小さじ1を回しかけ
てふたをし、中火にかける。煮立ったら火を弱
め、10分ほど蒸し煮にする。じゃがいもに火
が通ったら、ズッキーニとブロッコリーを重ね
て並べ入れる。塩、オリーブ油小さじ1を同様
に。ふたをして、さらに10分蒸し煮する。

3

2の上に、トマトを全部並べる。ここでも同様に塩とオリーブ油小さじ1を回しかけてふたをして10分。途中、鍋底の水分がなくなっていないか見て、水を80〜100mℓほど（材料外）加えてもいい。トマトが煮崩れる前に火を止めて、盛る。にんにくははずしても食べてもいい。こしょうを挽きかけ、残りのオリーブ油を振る。スライスしたパンを添え、あれば、サラミやアンチョビも添える。好みでレモンを搾りかけてもおいしい。

memo　料理の半分は、素材の準備。大きさ、厚さによって火の通り具合が違うから、まず最初は大きめに。ひと口で食べるのか、それともナイフで切って、かじってなどなど、器の上でどんな姿にしたいか、想像して切り分けること。

初夏のサラダ

初夏のサラダ

サラダは、素材の下ごしらえを丁寧にしておくと、
ぐっとおいしくなります。葉野菜は小さめに、
ひと口で食べやすくちぎると食べ心地がアップ。
いろいろな季節のサラダに応用できます。

材料（3〜4人分）
サニーレタス.........................約1/4株
ルッコラ、クレソン.....................各1束
グリーンアスパラガス 4本
そら豆（さやを取って）.............約200g
じゃがいも（メークイン）.................. 2個
ベーコン（塊）.........................約80g
チーズ（セミハード）.............80〜100g
くるみ 約30g
オリーブ油 約大さじ2
レモン 1/2個
塩、こしょう ....各適量

1

葉野菜は冷水に7〜8分浸け、水気をしっかり
切る。サニーレタスとルッコラはひと口大にち
ぎる。クレソンは葉を摘んで、茎は約3cmに
切る。アスパラガスは根元を切り、根元から半
分ほどはピーラーで皮をむいて4等分する。鍋
にお湯を沸かし、アスパラガスを1分ゆでて取
り出し、次にそら豆を同じく1分ゆでる。ざる
に上げて粗熱を取る。そら豆は皮をむく。

2

じゃがいもは皮をむいて縦に2等分し、4〜5
mm厚さにスライスして水にさらす。鍋に入
れて、かぶるくらいの水を注ぎ、火にかける。
中火で煮崩れない程度にゆで、ボウルに入れ
て塩を振り、オリーブ油の半量を回しかけて手
早く混ぜ、バットなどに移して粗熱を取る。

3

ベーコンは厚めにスライスし、ひと口大に切る。
フライパンにベーコンを並べ入れ、中火にかけ
る。焦げないように火加減し、時々表裏を返し
てじっくり焼き、キッチンペーパーに取っておく。

4

チーズは短冊に切る。くるみはフライパンで
空煎りしてから粗く砕く。大きめの器に、まず
じゃがいもを入れ、水気を切った葉野菜、アス
パラガスとそら豆を順に入れて、残りのオリー
ブ油を回しかけて手早く混ぜる。チーズとベー
コン、くるみを散らし、塩を振り、レモンを
搾りながら加えて、全体を手早く混ぜ合わせる。
味を見て、足りなければ塩を加え、最後にこし
ょうを軽く挽きかける。

いわしのオリーブオイル焼き

いわしのオリーブオイル焼き

フライパンで焼く、シンプルな焼き魚です。
ポイントは、いわしを洗ったらしっかり水気を取ること、
粉はまんべんなくまぶすこと、そしてフライパンに任せて触らず
じっくり焼くこと。手順は単純ですから、その都度焦らず丁寧に。

材料（2人分）

いわし	小さめ4尾
にんにく	1片
薄力粉	約大さじ2
パセリ	1本
オリーブ油	大さじ1½
塩	適量
そら豆（さやを取って）	約150g
オリーブ油	大さじ1
塩	適量
レモン	1個

1

いわしは流水で洗い、腹側に切り込みを入れる。包丁の刃先で内臓を引き出し、きれいに洗って水気を拭き取る。にんにくは皮をむかず、根元の硬い部分を切り離しておく。

2

1のいわし全体に塩を振る。バットに薄力粉を入れ、いわしにしっかりとまぶしつける。フライパンにオリーブ油大さじ1とにんにくを入れて弱火にかける。にんにくは、風味だけつけたいので、皮付きのまま切らずに焼く。にんにくに焼き色がついたら、いわしを並べ、動かさずに4～5分中火でじっくり焼く。

3

いわしを焼いている間に、たっぷりのお湯でそら豆を2分ほどゆでる。引き上げて粗熱が取れたら、皮をむいてボウルに入れる。オリーブ油と塩で調味する。

4

トングかフライ返しでいわしを持ち上げ、しっかりと焼けていたらそっと上下を返し、残りのオリーブ油を足し、動かさずに、こんがりと焼き上げる。

5

パセリの葉を摘み、包丁でできるだけ細かく刻む。器にいわしとそら豆を盛り、パセリをたっぷり振り、半分に切ったレモンを添える。

ヒイカも焼いてみました

　ヒイカはヤリイカの仲間で、身がやわらかく、おいしいものです。サイズが小さいので、さばかずにそのままの形を生かして、焼いたり煮たりします。イカのなかでも扱いやすいもの。手順はいわしと同じ。水が出やすいので、やや強火で焼き、レモンを搾って、でき上がりをすぐ、食べてください。

夏野菜のトマトカレー

夏野菜のトマトカレー

夏のカレーは、よく熟したトマトで作りましょう。
さらっとしてほどよくとろみがつき、酸みが心地よく暑い季節にぴったり。
スパイスは種類を使わず、クミンの風味が決め手になります。
ナンやご飯、タコスに使うトルティーヤもよく合います。

材料（約4人分）

トマト 大きめ5個
鶏もも肉 大1枚
パプリカ 1個
玉ねぎ 大1個
じゃがいも（メークイン） 3個
にんじん 小2本
ズッキーニ 1本
なす 2本
ひよこ豆の水煮 約150g
┃ クミンシード 小さじ2
┃ にんにく 2片
┃ しょうが 約40g
赤唐辛子粉 大さじ1
黒こしょう 約小さじ1
塩 .... 適量
グレープシードオイル 約大さじ3⅓
カシューナッツ 大さじ1
香菜 2株
ゆで卵 4個
トルティーヤ* .... 各適宜

*メキシコなどで作られる薄焼きパン。

1

下ごしらえをする。トマトは4等分し、1切れを3〜4等分する。鶏肉は塩をしてしばらくおき、小さく切る。パプリカと玉ねぎ、じゃがいもは約2cm角に、にんじんとズッキーニ、なすは約1cm厚さに輪切りし、太い部分は2等分する。にんにくはみじん切りに、しょうがはすりおろす。

2

フライパンにグレープシードオイル大さじ1と
クミンシード、にんにく、しょうがを入れてか
ら弱火にかける。軽く混ぜながら炒め、クミン
の香りが立ってきたら鶏肉を加え、塩を振って
炒め合わせ、大きめの鍋に移す。

3

2のフライパンにグレープシードオイル小さじ
1を入れて弱火にかけ、にんじんを軽く炒める。
軽く塩を振り、鍋に移す。同じフライパンに、
グレープシードオイルをその都度小さじ1加
え、にんじんと同様に玉ねぎ、パプリカ、なす、
ズッキーニ、じゃがいももそれぞれ別に炒めて
は塩をし、鍋に移す。鍋にひよこ豆を加え、赤
唐辛子粉、黒こしょう、塩を加えて、弱めの中
火で混ぜながら炒め合わせる。

4

3の材料の上に、ふたをするようにトマトを並
べて塩を振る。グレープシードオイル小さじ
1を回しかけ、ふたをして弱めの中火で15分
蒸し煮する。ざっと混ぜ、トマトが煮崩れてた
らふたを開けて、軽く水気を飛ばすように時々
混ぜながら10分ほど煮る。器にご飯と盛り、
刻んだカシューナッツと香菜を散らし、ゆで卵
を半分に割ってのせる。トルティーヤを添える。

あじフライのサンドイッチとコールスロー

あじフライのサンドイッチ

フライは面倒、という方へ。粉、卵、パン粉をまとわせるところまでを早めにすませ、揚げるのは
仕上げと考えてはいかが。パン粉を細かくきっちりつけるのは、イタリアの揚げ物がお手本です。

材料（3～4人分）
フライ
| あじ .... 3～4尾
| 薄力粉 .... 約大さじ2（多めに用意）
| パン粉 .... 約100g（多めに用意）
| 卵 1個
| 塩 .... 適量
| 揚げ油（くせのない植物油）.... 約200mℓ
ベーコン（塊）........................ 約100g
きゅうり 2本
菜の花 約1/2束
ロメインレタス、クレソン .... 各適宜
きゅうりのピクルス、レモン .... 各適宜
マヨネーズ、マスタード、こしょう ..... 各適宜
好みのパン（食パン、バゲット、カンパーニュなど）
.... 各適宜

1

あじは開いたものを縦に2等分して背びれと
尾を切り落として大きめの骨を抜き、ごく軽く
塩を振る。

2

きゅうりは両端を切ってピーラーで細長くスラ
イスする。途中、まな板にのせるとやりやすい。
菜の花は冷水に入れてパリッとさせてから、た
っぷりのお湯で2分ほどゆでてざるに上げ、粗
熱が取れたら水気を絞って半分に切る。ロメ
インレタスとクレソンは、冷水に入れてパリッ
としたら2～3等分に切り分ける。ピクルスは
縦に厚めにスライス。レモンは2等分してタ
ネを取る。野菜はどれか1種類をたっぷり用
意してもいい。ベーコンはスライスして、フラ
イパンでこんがりと焼く。

3

ふるった薄力粉とパン粉をバットなどに別々
に入れる。ボウルに卵を割り入れて、しっかり
溶きほぐしておく。1のあじの塩を軽く押さえ
る程度に拭き取り、薄力粉をまぶし、余分な粉
を払って卵にくぐらせる。パン粉をつけてバ
ットやトレーなど平らな容器に並べる。それ
ぞれの段階で、衣が厚くなりすぎないように適
度に払う。

4

フライパンに油を2cmくらいの深さに入れ、中火で温める。パン粉を少し油に入れ、すぐに浮き上がってきたら、あじを静かに並べ入れる。火をいったん少し強めて、温度が下がらないようにする。下側がカリッとしたら、そっと上下を返し、いい色に揚がったらキッチンペーパーに取って油を切る。揚げたてに軽く塩を振る。

5

パンは好みで焼き、マスタードをたっぷり塗って2の野菜やベーコン、コールスロー（右記）をのせ、4のフライをのせたり挟んだりする。マヨネーズを塗り、こしょうを挽きかけても。

memo パン粉はビニール袋などに入れて、麺棒などでさらに細かくつぶすと、カラリと軽い揚げ上がりになる。

コールスロー

材料（作りやすい量）
キャベツ .... 約1/4 株
にんじん 小1本
白ワインビネガー ....約80㎖
レモン汁 .... 1/4 個分
塩..................................適量
三温糖など精製度の低い砂糖 ...小さじ1½

キャベツとにんじんは細かいざく切りにし、ボウルに合わせる。塩を多めに振って混ぜ、次に水大さじ1（材料外）を振って4〜5分おく。キャベツが少ししんなりしてきたら、手でもむように混ぜ、水気をしっかりと絞る。そこに調味料を全部合わせて加え、よく混ぜ合わせる。

タパスを楽しむ4品

トルティーヤ
ハモンセラーノときゅうり
えびとマッシュルームのアヒージョ
パン・コン・トマーテ

タパスを楽しむ4品

タパスはスペインの小皿料理。4品作ってワインかシードルで旅先の気分もいいものです。
焼きたても、冷めてもおいしいスペイン風オムレツ「トルティーヤ」を中心に。

トルティーヤ

材料（約4人分）

卵 6個

じゃがいも（メークイン）................. 2個

パセリ 1本

にんにく 1片

オリーブ油 約大さじ2

塩 ....適量

1

じゃがいもは皮をむき、3～4mm厚さの小さめの角切りにして、さっと水にさらす。硬めにゆで、ざるに上げて粗熱を取る。ボウルに卵を割り入れ、塩を加える。パセリは葉を摘んで粗みじんに刻み、じゃがいもとともにボウルに加えて混ぜる。

2

にんにくは皮をむいて2等分する。フライパンにオリーブ油大さじ1を入れ、にんにくを加えて弱火にかける。香りが立ってきたら、にんにくを取り出す。ボウルの材料を全部流し入れ、フォークで軽く混ぜる。まわりが固まってくるまで、中火で焼く。火の通り方は、フォークなどで縁をはがしてみるとよくわかる。意外に時間がかかるので、ここはじっくりと。ふたをして、弱火で10～15分ほど火を通す。

3

2の卵が7割くらい固まってきたら（フライパンを揺すって流れないくらい）、平らな鍋のふたか器などをかぶせてひっくり返して取り出す。それを平行にスライドさせ、フライパンに戻す。鍋肌に沿ってオリーブ油大さじ1を回し入れ、フォークで形を整え、4～5分焼いてしっかり火を通す。器に盛って放射状に切り分ける。

ハモンセラーノときゅうり

材料（作りやすい量）

生ハム（ハモンセラーノ*）........... 5～6枚

きゅうり 1本

*ハモンセラーノはスペインの生ハム。

生ハムは3等分くらいに切って、1枚ずつはがして器に盛る。食べる時は、洗ってから軽く塩（材料外）をこすりつけたきゅうりを、斜めに薄切りして添える。

えびとマッシュルームのアヒージョ
材料（3~4人分）
殻付きのえび（ブラックタイガーなど）
.... 8~10尾
マッシュルーム .... 6~7個
にんにく 1片
赤唐辛子.............................小1本
塩.....................................適量
オリーブ油 大さじ4
シェリー（ドライなタイプ）..... 大さじ1程度

1

えびは殻をむいて背に切り込みを入れ、背ワタ
を取る。ボウルに入れ、シェリーを振って混ぜ
る。マッシュルームは石突きを落とし、縦に4
等分する。にんにくは皮をむいて2等分する。

2

カスエラ（スペインの耐熱陶器）または小さい
フライパンに、オリーブ油大さじ3と、にんに
く、タネを取った唐辛子を入れ、中火にかける。
にんにくの香りが立ってきたらマッシュルーム
を入れて塩を軽く振る。上下を返しながら焼
き、全体に油が回ったらえびを加え、軽く塩を
振る。途中、唐辛子が黒く焦げてきたら取り出

し、残りのオリーブ油を回しかけて全体を混ぜ
て仕上げる。

memo アヒージョは魚介や野菜のオリーブ油
煮のこと。

パン・コン・トマーテ
材料（作りやすい量）
トマト 大きめ1個
パン（バゲット・スライス）.......... 1人2枚
にんにく 大きめ1片

トマトは横に2等分、にんにくも横に2等分す
る。バゲットをトーストして、にんにくの切り
口をこすりつける。その後にトマトの切り口も
こすりつける。好みで塩（材料外）を少し振っ
てもいい。もう1枚は、使ったトマトを刻んで
オリーブ油（材料外）で和えてのせ、オープン
サンド風にしてもいい。

memo パン・コン・トマーテは〝パンとトマト〟
という名前そのまま、スペインらしいシンプル
な食べ方。

スパイスを効かせた4品

チキンと野菜のタンドーリ
レモン風味のミックスサラダ
ガルバンゾと甘長唐辛子のスパイス炒め
ターメリックライス

スパイスを効かせた4品

スパイスの入れ過ぎは禁物。量を計って、程よくバランスを取りましょう。
クミンシード、ターメリック、唐辛子を常備して使ってみて、様々なスパイスの個性と効果を
知ったら楽しさ倍増。慣れたら欠かせない調味料になりますよ。

チキンと野菜のタンドーリ
材料（約4人分）
鶏もも肉（骨付き）...................... 大3本
ズッキーニ 2本
パプリカ 中2個
マリネの材料
 プレーンヨーグルト.................... 400g
 ターメリックパウダー 小さじ1/2
 クミンパウダー........................小さじ1
 コリアンダーパウダー 小さじ1
 チリパウダー........................小さじ1強
 トマトピュレ 大さじ4
 しょうがのすりおろし...............小さじ1
 塩...適量

1

鶏肉は3つに切り分ける。関節で2等分し、もも側は骨にそって2等分する。バットに並べ、塩（材料外）を軽く振る。ズッキーニは約1cm幅の輪切りに、パプリカはヘタとタネを取り、ひと口大に切ってバットに並べる。

2

ボウルにマリネの材料を全部加えて混ぜる。ゴムベラなどで1の鶏肉と野菜に塗り、ラップをかけて冷蔵庫で2時間以上マリネする。

3

オーブンを190℃に温める。天板2枚にオーブンペーパーを敷き、鶏肉と野菜を別々の天板に並べる。なるべく食材同士の間隔を空ける。オーブンに入れ鶏肉は30分焼き、野菜は15分で取り出す。

memo 他にカジキマグロや野菜を同様にマリネして焼いても。

レモン風味のミックスサラダ
材料（4人分）
きゅうり 2本
玉ねぎ 1個
トマト.. 2個
パプリカ 小さめ1個
セロリ 1本
レモン 1個
チリパウダー 小さじ1/4
ガラムマサラ 小さじ1/4
塩...適量

1

きゅうりは両端を切り落とし、1cm幅くらい
の輪切りにする。玉ねぎは4等分し、トマトは
半分に切り、パプリカはヘタとタネを取り、セ
ロリは筋を取る。きゅうりの大きさに合わせて
他の野菜もそれぞれ切り分け、ボウルに入れる。

2

食卓に出す前に、塩を振り、チリパウダーとガ
ラムマサラを加える。レモンを搾って全体がな
じむまでよく混ぜ合わせる。味を見て、足りな
ければ塩を少し加える。

ガルバンゾと甘長唐辛子のスパイス炒め
材料（4人分）
ガルバンゾ（ひよこ豆）の水煮........250g
甘長唐辛子.................................4〜5本
にんにくのすりおろし.....................1片
青唐辛子....................................2本
クミンシード.............................小さじ1
ガラムマサラ.......................小さじ1/2
ターメリックパウダー.............小さじ1/3
植物油....................................大さじ1
塩...適量

1

甘長唐辛子は、1本を4等分くらいに切り分け
る。青唐辛子は薄切りにする。

2

フライパンに油とクミンシードを入れ、弱火に
かける。クミンがはじけて香りが出てきたら、
青唐辛子とにんにく、塩を振って炒め合わせる。
次にガラムマサラとターメリックを加えて混
ぜ、軽く炒める。ガルバンゾと甘長唐辛子を
加える。塩を振り、混ぜながら中火でしっかり
スパイスを絡め、甘長唐辛子に火が通ったら
でき上がり。

ターメリックライス
材料（4人分）
インド米..............................2½カップ
玉ねぎ...................................1/3個
クミンシード.............................小さじ1
ターメリックパウダー..............小さじ1強
塩...適量
植物油....................................大さじ1

1

玉ねぎは縦に薄切りしてから細かく刻む。鍋
に油とクミンシードを入れて弱火で温め、クミ
ンの香りが出てきたら、玉ねぎを加える。しん
なりしたら、米を加えて混ぜながら軽く炒める。

2

1に米と同量の水（材料外）、ターメリックと塩
を加えて混ぜ、ふたをして中火にかける。煮立
ってきたら、とろ火にして15分ほど炊く。混ぜ
合わせて7〜8分蒸らす（同様の水加減をして、
電気炊飯器で炊いてもいい）。

沖縄風味の3品

ラフテー風煮込み
もずくとトマトの酢のもの
菜の花のチャンプルー

沖縄風味の3品

気温が上がると食べたくなるのが、沖縄風の料理。泡盛、シークヮーサーの果汁、島こしょうといった
調味料を取り入れると、現地の雰囲気が高まります。食堂の気分で、献立は定食のような組み合わせで。

ラフテー風煮込み
材料（約4人分）
豚肉（肩ロース、バラ肉の塊）..... 各400g
チンゲン菜 2株
レタス 1株
たけのこ（水煮）......................... 1本

A	三温糖 大さじ2	
	塩 ....適量	
	しょうゆ 大さじ5	
	泡盛 .... 200㎖	
	コーレーグースー 小さじ1	
	島こしょう ....適量	

1

豚肉に軽めに塩（材料外）を振りかけて10分ほどおく。水分が出てきたら拭き取っておく。

2

大きめの鍋に2ℓほどの水（材料外）を入れ、1の豚肉を入れて中火にかける。煮立ってきたら少し火を弱め、丁寧にアクをすくってふたを少しずらしてのせ、軽く煮立つ程度の火加減で50分ほどゆでる。途中、水を足して、豚肉が軽くかぶるくらいの水分をキープする。豚肉がやわらかく煮えたら取り出し、それぞれの部位を8等分に切り分ける。煮汁を半量くらい取り分ける。

3

豚肉を鍋に戻し、調味料Aを加えて、ふたをせず、時々肉の上下を返しながら煮汁を絡め、弱めの中火で20分ほど煮る。

4

チンゲン菜は縦に4等分、レタスは芯の部分をくりぬいて4等分、たけのこは放射状に4等分に切り分ける。

5

3の豚肉を取り出して、4の野菜を全部鍋に入れる。取り置いた煮汁を加え、ふたをして中火で5〜6分煮て豚肉を戻す。軽く煮立つくらいの火加減で、煮汁をかけながら4〜5分温めてでき上がり。

memo　2種類の部位を使うと脂が強くなりすぎずに、バランスよく、それぞれの風味を味わえる。

もずくとトマトの酢のもの
材料（約4人分）
もずく（塩蔵）......................... 約100g
ミディトマト .... 5~6個
シークヮーサー果汁 大さじ1
三温糖 小さじ2/3
塩 ....適量

ざるにもずくを入れ、ボウルを重ねる。たっぷりの水（材料外）を注いで20分ほどおいて塩抜きする。流水で洗って水気を切る。ボウルに入れ、キッチンばさみで2cmくらいに切る。トマトは4等分して芯の白い部分を切り落とす。シークヮーサー果汁と三温糖、塩ひとつまみを合わせ、砂糖が溶けるまでよく混ぜる。もずくに加えて混ぜ、トマトと一緒に盛る。

菜の花のチャンプルー
材料（約4人分）
菜の花 2束
もめん豆腐..................... 1丁（約300g）
卵 3個
水 約50mℓ
塩、島こしょう ....各適量
植物油 大さじ2
花かつお ....適量

1
菜の花は、冷水に7~8分浸けてから長さ2等分する。豆腐はキッチンペーパーに包んで、20分ほど水気を切る。卵は溶きほぐしておく。

2
フライパンに油を入れて中火にかけ、温まったら1の豆腐をちぎりながら入れて軽く焼く。1の菜の花の茎を加え、塩を軽く振る。強めの中火で混ぜながら炒め、火が通ってきたら残りの菜の花を加える。

3
水を回しかけて煮立て、強火で炒める。仕上げに1の卵を回しかけ、卵が固まってきたら塩を足し、島こしょうを挽きかけ、へらでざっと混ぜて火を止める。器に盛って花かつおを振る。

memo 豆腐はちぎると味がなじみやすい。

アジア風味の3品

カオマンガイと2種のたれ
蒸しなすとえびのヤム
香菜の卵焼き

アジア風味の3品

タイやその他アジア料理の「甘い」「辛い」「酸っぱい」味わいのまとめ役は、
ナムプラーやニョクマム。酸みは酢と柑橘類で、辛みは唐辛子、甘みは茶色い砂糖を
控えめに使ってすっきりと。これで長い夏が乗り切れそうです。

カオマンガイと2種のたれ
材料（約4人分）
鶏もも肉 大2枚
もやし 1パック
パプリカ 1/2個
きゅうり 小さめ2本
セロリ 1本
香菜 .... 2～3株
塩 ....適量
ライム 1個
タイ米 .... 2½カップ（500㎖）
| ナムプラー 小さじ2

しょうがとにんにくだれ
| しょうがのすりおろし 小さじ2
| にんにくのすりおろし 1/2片分
| 塩..適量
| ナムプラー 大さじ2
| 水 大さじ2
黒酢の辛味だれ
| 黒酢 .... 大さじ4～5
| 豆板醤 小さじ2
| ナムプラー 小さじ2
| 三温糖 小さじ1

1

鶏肉は1枚につき塩小さじ1を振って10分おく。鍋に1.5ℓの水（材料外）、香味野菜（材料外＝香菜の根、にんにく、しょうがの皮など）を入れ、中火にかける。鶏肉の塩気を軽く拭き取り、煮立った鍋に入れる。沸騰してきたら少し火を弱めてアクをすくい、静かに15分ほど煮る。

2

もやしは根を取り、冷水に10分ほど浸けて水気を切る。パプリカはヘタとタネを取って薄切りに、きゅうりは長さを4等分して短冊に切る。セロリは筋を取り、斜め薄切りに。香菜は根を切り、粗く刻む。

3

1の鶏肉を取り出し、密封容器等に入れて乾かないようにして軽く保温する。別の鍋にタイ米を入れ、1の鶏肉の煮汁500㎖（粗熱を取っておく）を加える。ナムプラーを入れてざっと混ぜ、ふたをして中火にかける。煮立ったらごく弱火にし、10分炊く。

4

たれ2種類の材料をそれぞれ合わせる。3のご飯を器より小さいサイズのボウルなどに詰

める。器に返して抜き、鶏肉を食べやすく切り分けて盛る。軽く塩をまぶした2の野菜を別に盛り合わせ、香菜と、ライムを半分に切って添える。ご飯と鶏肉、野菜を取り分けて、2種のたれを好みでかける。

蒸しなすとえびのヤム
材料（約4人分）
なす 大きめ3本
えび（ブラックタイガーなど）....... 約12尾
紫玉ねぎ 1個
スペアミント 1パック
A ┌ レモン汁 大さじ2
  │ 米酢 大さじ2
  │ ナムプラー 大さじ2
  │ 塩 ....適量
  └ 三温糖 小さじ2
赤唐辛子粉 .... 少々

1

鍋にたっぷりお湯を沸かし、蒸し器の準備をする。なすのヘタを取り、蒸し器に入れ、10分ほど強火で蒸す。皮をむき、塩（材料外）を振って、転がしながら塩をなじませて冷ます。

2

えびは尾を残して殻をむき、背に包丁を入れ、背ワタを取り、尾先を斜めに切り、流水でぬめりを取る。鍋にお湯を沸かし、軽くゆでて水気を切り、冷ます。紫玉ねぎは繊維に沿って薄切

りにする。なすを1cmほどの厚さに切る。

3

ミントは葉を摘む。ボウルに2と、ミントの半量を入れる。さらに別のボウルで前もって混ぜ合わせておいたAを回しかけ、よく混ぜ合わせる。残りのミントを加えて混ぜ、器に盛り、赤唐辛子粉を振る。

香菜の卵焼き
材料（約4人分）
香菜 3株
卵 5個
塩 ....適量
植物油 大さじ1
赤唐辛子粉 .... 少々

1

香菜は葉と茎を粗く刻む。卵をボウルに入れ、塩を加えて溶きほぐし、香菜の葉と茎と溶いた卵がよくなじむまで菜箸で混ぜ合わせる。

2

フライパンに油を入れて温める。1を一気に流し入れ、中火で火を通す。菜箸で軽く混ぜ、まわりが固まってきたら半分に折りたたむ。ふたをして2～3分、大きくふくらむまで蒸し焼きにする。器に盛って赤唐辛子粉を振る。

「トマト」

トマトとモッツァレラチーズのサラダ

チキンソテー ミニトマトのソテー添え

オーブン焼きトマトソースのリングイネ カジキのソテー添え

トマトとモッツァレラチーズのサラダ

トマトは塩を振って味をなじませ、チーズは手で
ちぎる。そのひと手間がおいしさを引き出します。

材料（3～4人分）
トマト 中3個
モッツァレラチーズ........ 2個（1個125g）
バジル 2本
塩...適量
オリーブ油 約大さじ2
レモン汁 約1/4個分

1
トマトはヘタを取り、横に4～5mmの厚さに
切って器に並べ、全体に塩を振る。レモン汁を
数滴ずつトマトに落とし、冷蔵庫で冷やす。

2
食べる直前に1を取り出し、モッツァレラチー
ズを小さめに手でちぎってのせる。バジルの
葉を細かくちぎりながら散らし、オリーブ油を
全体に回しかける。

チキンソテー ミニトマトのソテー添え

鶏肉をこんがり焼き、ソテーしてやわらかく火が通っ
たトマトの甘さで食べます。全体の味を締める酸み
はじゃがいもに加えて、食べて楽しいバランスに。

材料（4人分）
鶏もも肉 大2枚
ミニトマト（赤、オレンジ、グリーンをミックス）
....約3パック
じゃがいも（男爵）......................中4個

クレソン、セルバチコなどの葉野菜 .....適宜
にんにく 1片
塩、こしょう ....各適量
白ワインビネガー 大さじ2
オリーブ油 ..... 小さじ2＋小さじ1＋大さじ1

1
鶏もも肉は1枚を2等分し、脂を除く。バット
に皮目を下にして並べ、軽く塩を振り、10分
ほどおき、塩を拭き取る。ミニトマトは洗って
ヘタを取る。葉野菜は7～8分冷水につけて
から食べやすく切り分け、水気を切って冷蔵庫
で冷やす。

2
じゃがいもの皮をむき、4等分に切って水にさ
らす。鍋にじゃがいもを入れ、ひたひたに水を
加えて中火で煮る。火が通ったら強火にして
水分を飛ばし、火を止める。塩、オリーブ油
（小さじ2）、白ワインビネガーを加えてフォー
クで粗くつぶす。

3
鶏もも肉を焼く。フライパンにオリーブ油（小
さじ1）と皮をむいたにんにくを入れて弱火に
かけ、香りが立ったら、にんにくを取り出す。
鶏肉の両面に塩を振り、皮目を下にして並べ入
れる。強めの中火にしてふたをし、こんがりと
焼き色がつくまで4～5分焼く。上下を返し、
火を弱め、ふたをして蒸し焼きにする。

4
別のフライパンにオリーブ油（大さじ1）を温
め、塩を最初に加える。トマトを入れ、揺すり

ながら中火で火を通す。皮がはじけてきたら
火を止める。

5

器に2、3、4と葉野菜を盛り合わせ、全体に
軽く塩を振り、こしょうを挽きかける。

オーブン焼きトマトソースの
リングイネ カジキのソテー添え

オーブンで焼いたトマトは、
軽いソースたっぷりの優しい味。
カジキマグロの他に、いわしやあじ、鯖などでも。

材料（2人分）

パスタ（リングイネ）	約160〜180g
トマト	中4個
レモン	1/2個
カジキマグロ	大きめ1切れ
にんにく	1/2片
オリーブ油	大さじ1＋小さじ2＋小さじ1
塩	適量
チリペッパー	ひとつまみ
ドライタイム	少々
パセリのみじん切り	1本分
好みのパン	適量

1

トマトソースを作る。トマトは縦に4等分し、
さらに1切れを4等分くらいに切り分けてバッ
トに入れる。レモンを5枚の薄切りにしてから
半分に切り、トマトの上に散らす。残りのレモ
ンは搾りかける。全体に塩とオリーブ油（大さ

じ1）、チリペッパーを振り、ドライタイムをの
せて200℃のオーブンで20〜25分、トマトが
やわらかくなるまで焼く。

2

大きめの鍋にたっぷりお湯を沸かし、パスタを
ゆではじめる。カジキマグロは1切れを4等
分する。フライパンにオリーブ油（小さじ2）、
にんにくを入れて弱火にかけ、香りが立ったら、
にんにくを取り出して火を強め、カジキマグロ
を並べ入れて塩を振る。上下を返してこんが
りと焼き上げる。

3

パスタがゆで上がったら水気を切り（少しゆで
汁を残す）、オリーブ油（小さじ1）と塩少々、
ゆで汁を加えて混ぜ、器に盛り分ける。1のト
マトソースをたっぷりのせてカジキマグロを添
え、パセリを振る。パンを添える。

「なす」

なすとアンチョビのディップ

なすとブルーベリーのマリネ

なすのフライ チーズ風味

なすとアンチョビのディップ

夏に何度も作りたくなる、
香ばしいペーストです。オリーブ油を
たっぷり、ヨーグルトで酸みを。

材料（3〜4人分）
なす 4本
アンチョビ・フィレ...................... 4枚
にんにくのすりおろし 1/4片分
塩、こしょう ....各適量
プレーンヨーグルト...................約100㎖
イタリアンパセリ .... 2〜3本
オリーブ油 約大さじ3
好みのパン.............................適量

1
なすはよく熱した焼き網か220℃のオーブン
で焼く。皮が黒くなり、実がやわらかくなった
らバットにのせて粗熱を取り、ヘタを切り落と
し、皮をむく。大まかに切り分けてから、粗い
ペースト状になるまで包丁でたたく。
2
1のなすをボウルに入れて軽く塩を振り、にん
にくと5〜6等分に切り分けたアンチョビ、オ
リーブ油大さじ1を加えてよく混ぜ合わせる。
冷蔵庫に入れて冷やしておく。
3
大きめの器に2を盛り、ひとつまみの塩を加え
たヨーグルトを添える。刻んだイタリアンパ
セリを振り、こしょうを挽きかけ、残りのオリ
ーブ油を回しかける。パンを焼いて添える。

なすとブルーベリーのマリネ

素材の意外な組み合わせは、まろやかな米酢が
つなぎ役に。レモン、三温糖、オリーブ油で
なじんでまとまるマリネです。

材料（約3人分）
なす 3本
ブルーベリー 約60g
レモン 薄切り2枚
レモン汁 大さじ1
米酢...............................大さじ2
塩.....................................適量
三温糖.............................小さじ1
オリーブ油 小さじ2

1
なすはヘタを取り、1.5cmの角切りにする。
ボウルに入れ、塩を軽めに振って米酢大さじ1
を振りかけて混ぜ、しばらくおく。
2
レモン汁、米酢大さじ1、塩、三温糖を加え、
三温糖が溶けるまで混ぜる。
3
1のなすの水気を軽く絞り、2と4等分したレ
モンの薄切りを加えて混ぜる。ブルーベリー
を加え、オリーブ油を回しかけてよくなじむま
で混ぜ合わせて器に盛る。

なすのフライ チーズ風味

輪切りのなすに
パン粉をつけて揚げる、気楽なフライ。
少なめの油で揚げ焼きします。

材料（2～3人分）

長なす .... 2本（普通のなすなら3本）
ペコリーノチーズ* 約30g
薄力粉 約大さじ2
卵 1個
パン粉 約大さじ山盛り3
塩 .... 適量
オリーブ油 .... 80～100㎖

*イタリアでローマ時代から作られてきた羊のチーズ。なければパルメザンチーズでも。

1

なすはヘタを取り、厚さ2cmの輪切りにする。ふるった薄力粉、溶いた卵、袋に入れてもむようにして細かくしたパン粉をそれぞれバットに入れる。空のバットをひとつ用意する。

2

なすの切り口に1の薄力粉をつけて余分な粉を払う（最初に全部粉だけつけておくといい）。次に溶き卵、パン粉の順につけたら空のバットに並べる。フライパンにオリーブ油を1cmほどの深さまで入れる。

3

2の油を弱火で温め、なすを並べ入れたら中火にして、下側がこんがりしたら上下を返し、足りなければオリーブ油を適宜足しながら、揚げ焼きする。キッチンペーパーにいったん取り、器に並べ、塩を軽く振ってチーズをおろしかける。

「 ズ ッ キ ー ニ 」

ズッキーニとトマトのオーブン焼き

ズッキーニとアンチョビのソテー

ズッキーニといかのサラダ

ズッキーニとトマトのオーブン焼き

焼きたてはもちろん、冷めてもおいしい夏の前菜。
パンチェッタの他、ハムやベーコン、
サラミやアンチョビでも。

材料（3～4人分）

ズッキーニ 太め2本
ミディトマト .... 5～6個
パンチェッタ（塊）.......................... 30g
にんにく 1片
パン粉 大さじ1強
塩 .... 適量
オリーブ油 約大さじ3

1
ズッキーニは両端を切り落とし、3mm厚さに
スライスする。トマトはヘタを取り、ズッキー
ニと同様に薄切り。にんにくは皮をむいて薄
切り、芯を外す。パンチェッタも薄切りする。

2
耐熱容器に薄くオリーブ油を塗る（材料外）。
ズッキーニとトマトを少しずつずらしながら並
べ、時々パンチェッタを挟みこむ。これを繰り
返す。

3
オーブンを210℃に温める。2ににんにくを散
らす。オリーブ油をスプーンで列に沿ってた
らしていく。1列につき2本、細い線を描くよ
うに全体に垂らしたらまんべんなく塩を振り、
最後にパン粉を振る。オーブンに入れ、全体
に軽く焼き色がつくまで25～30分焼く。

ズッキーニとアンチョビのソテー

主役のズッキーニは、厚めに切って、
アンチョビの風味だけで味つけ。
仕上げのレモンでメリハリが出ます。

材料（約2人分）

ズッキーニ 大きめ1本
アンチョビ・フィレ.......................... 8枚
レモン 1/2個
にんにく 1/2片
オリーブ油 約大さじ1

1
ズッキーニは両端を切り落とし、1cm強の厚
さの半月切りにする。アンチョビは2等分にす
る。レモンは半分量を厚めに半月に切る。

2
フライパンにオリーブ油を入れ、皮付きのまま
のにんにくを加えて弱火で温める。香りが出
てきたらにんにくを取り出し、ズッキーニを並
べ入れる。中火で軽く色がつくまで焼いたら、
1のレモンを加えて炒め、アンチョビを加え、
時々混ぜながら炒め合わせる。

3
2がこんがりと焼けてきたら、残りのレモンを
搾りかけ、火を止めてざっと混ぜる。

ズッキーニといかのサラダ

こちらのズッキーニは
薄切りして繊細な雰囲気です。
いかを合わせて爽やかなサラダに。

材料（2~3人分）
ズッキーニ 中くらい1本
いか（刺身用）............................1柵
しょうがのすりおろし..................小さじ1
塩..適量
ごま油..................................小さじ1
赤唐辛子粉、こしょう.................各少々

1
ズッキーニは両端を切り落として、スライサー
で薄くスライスしてから長さを2等分する。

2
鍋にお湯をたっぷり沸かし、1を入れて20秒
くらいでざるに上げる。流水で熱を取り、水気
を切る。

3
いかは食べやすい長さに細切りにする。2の
お湯を煮立て、いかをさっと湯通しする。白く
なりはじめたらすぐに引き上げてズッキーニと
同様に冷ます。

4
2のズッキーニの水気を軽く絞ってボウルに
入れ、3のいかを加え、塩、しょうが、ごま油を
加えて手早く混ぜ合わせる。味を見て足りな
ければ塩を足して器に盛る。こしょうを挽き
かけ、赤唐辛子粉を振る。

「菜の花」

菜の花のソテー

菜の花みそと薄切り大根

菜の花とあさりのパスタ

菜の花のソテー

菜の花は水につけると、パリッと
生き返ります。焦がすのは味つけの
ひとつと思って、強めの火加減で。

材料（約4人分）
菜の花 2束
にんにく 1片
塩 ....適量
オリーブ油 約大さじ2
カマンベールチーズ 1個

1
菜の花は洗ってからボウルに入れ、葉がしっか
り浸かるように水を注いで4～5分おく（葉の
部分を折って束ねてあるものならのばす）。キッ
チンペーパーに包んで、水気をしっかり切る。
根元の硬い部分を切り落とし、茎と葉、花がつ
いた部分に切り分ける。にんにくは皮付きのま
ま、竹串などで穴を4～5ヶ所あける。

2
フライパンにオリーブ油とにんにくを入れ、軽
く塩を振って中火にかける。油が温まってき
たら菜の花の茎の部分を入れ、ざっと混ぜる。
次に残りを上に全部のせ、軽く塩を振ってふた
をする。

3
そのまま2分ほど焼き、茎に火を通す。トング
などで上下を入れ替えながら混ぜ、火を強め
て焦げ目がつくように焼きつけ、火を止める。
器に盛り、切り分けたカマンベールチーズを添
える。好みでパンを添えても。

菜の花みそと薄切り大根

ふきみそならぬ菜の花みそ。
ほのかな苦みが個性というところは同じです。
冷蔵保存で2週間ほど楽しめます。

材料（作りやすい量）
菜の花 1束
くるみ 5個分
赤みそ 大さじ山盛り2
みりん 大さじ2
しょうゆ 大さじ1
赤唐辛子粉 小さじ1/4
塩 ....適量
ごま油 小さじ2
大根 .... 長さ2～3cm

1
菜の花は「菜の花のソテー」（左記）同様に下ご
しらえする。菜の花の水気を切り、葉の幅が広
い部分は細切りし、すべて細かく刻んでおく。

2
赤みそをボウルに入れてみりん、しょうゆ、赤
唐辛子粉を加えて練り合わせる（硬ければ、水
少々を加えれば扱いやすくなる）。くるみはみ
じんに刻む。

3
鍋に菜の花を入れ、ごま油と塩を振ってざっと
混ぜて中火にかける。木べらで混ぜながら炒
め、しんなりしたら2のみそを加える。くるみ
も加え、少し火を弱めて混ぜながら水気を飛ば
して煮詰める。鍋肌が少し焦げはじめたらこ
そぎ取るようにして混ぜて火を止める。

4

3の粗熱を取り保存瓶などに詰める。大根は
皮をつけたままスライサーで薄切りし、菜の花
みそと器に盛り合わせる。大根に少しのせて
食べる。

菜の花とあさりのパスタ

ボンゴレビアンコに、
春らしく緑の菜の花を加えます。
あさりの風味で食べる菜の花もおいしいもの。

材料（2人分）

パスタ（オレッキエッテ）............約300g
菜の花.................................1/2束
あさり.................................約300g
にんにく..............................1/2片
白ワイン..............................大さじ2
レモン................................1/4個
塩....................................適量
オリーブ油......................約大さじ2½

1

あさりは少なめの塩水に約1時間浸けて、砂抜
きする。にんにくは皮をむく。

2

菜の花は「菜の花のソテー」（左記）同様に下ご
しらえする。菜の花の水気を切り、長さ1cm
ほどに刻む。葉の部分は幅があるので、縦に
細く切り分けてから同様に刻む。

3

鍋にたっぷりお湯を沸かし、塩（お湯3ℓに塩
大さじ1）を加えてパスタをゆではじめる。

4

フライパンにあさりとにんにくを入れ、塩を軽
く振る。中火にかけて、白ワインを加えてふた
をする。あさりの口が開いたら、2の菜の花を
加えてオリーブ油大さじ2を加え、ふたをして
2～3分火を通す。

5

ゆで上がったパスタを4のフライパンに入れ、
残りのオリーブ油を回しかけて、一気に混ぜ合
わせる。途中、味を見て足りなければ塩を足す。
食べる直前にレモンを搾りかける。

「グリーンアスパラガス」

グリーンアスパラガスのグリル

グリーンアスパラガスとからすみのパスタ

グリーンアスパラガスのマスタードごま酢和え

グリーンアスパラガスのグリル

強めの火加減で焼き色をくっきりと。
しっかりした風味のオリーブ油と
粗塩でシンプルに食べます。

材料（2〜3人分）
グリーンアスパラガス 太め4本
モッツァレラチーズ........................ 1個
イタリアンパセリ 2本
粗塩...適量
オリーブ油 約大さじ2

1
アスパラガスをまな板に置き、ピーラーで根元
から3分の1〜2分の1ほどの皮をむく。根元
を少し切り落とし、長さを3等分に切り分ける。
イタリアンパセリは葉を摘んで、粗みじんに刻
む。

2
グリルパン（またはフライパン）をしっかり温
め、アスパラガスを並べ入れる。強めの中火
で3分ほど焼き、くっきりと焼き色がついてい
たら、順に返す。返し終わったら1分ほどです
ぐ器に盛り、粗塩を振る。

3
モッツァレラチーズを6等分し、アスパラガス
に添える。全体にオリーブ油を回しかけて、イ
タリアンパセリを散らす。

グリーンアスパラガスとからすみのパスタ

シンプルな組み合わせは、仕上げの
アレンジが可能です。半熟卵をのせたり、
こしょうをたっぷり挽きかけたり。

材料（2人分）
グリーンアスパラガス
.........................中くらいの太さ5〜6本
パスタ（フェデリーニ）........ 160〜180g
ボッタルガ＊（粉末）.................約大さじ3
塩...約大さじ1
オリーブ油 ....小さじ1＋大さじ1

＊イタリアのカラスミのこと。マグロやボラの卵巣で作られ
る。

1
鍋に約3ℓのお湯を沸かす。アスパラガスの
根元の硬い部分を切り落とす。まな板に横向
きにのせ、ピーラーで穂先から根元まで長くス
ライスする。ピーラーで切りにくくなったら包
丁で薄切りにする。

2
1の鍋に大さじ1の塩を加えてパスタをゆでる。
パスタのゆで上がりの1分前に1のアスパラ
ガスを加え、火を少し強める。水気を切りなが
らトングで一気にボウルに引き上げ、オリーブ
油（小さじ1）をまぶす。

3
パスタを器に盛り分け、ボッタルガをたっぷり
振りかけてオリーブ油（大さじ1）を回しかける。

グリーンアスパラガスのマスタードごま酢和え

細めのアスパラガスをごま酢和えに。
控えめに加えた粒マスタードが
風味づけの決め手です。

材料（2人分）
グリーンアスパラガス .... 細め5〜6本
白ごま 大さじ山盛り2
三温糖 小さじ1弱
しょうゆ 小さじ2
米酢 大さじ2
粒マスタード 小さじ1

1
アスパラガスをまな板に置き、ピーラーで根元
から3分の1ほどの皮をむく。根元が硬けれ
ば切り落とす。

2
すり鉢に白ごまと三温糖、しょうゆ、米酢を入
れ、ごまを粗めにする。最後に粒マスタードを
加えてざっと混ぜ、味を見て、好みで甘み、酸
みなどを調える。

3
アスパラガスを約2cm長さの斜め切りにする。
お湯を沸かし、2分ほどゆでてざるに上げ、水
気をしっかり切る。

4
3のアスパラガスを2に加え、まぶしつけるよ
うに和え、器に盛る。

「かつお」

かつおとハーブのタルタル

かつおのたたきサラダ

かつおのフライとライムマヨネーズ

かつおとハーブのタルタル

かつおとハーブでひと味違った食べ方を。
塩は強めに、こしょうは多め、
レモンで味を引き締めます。

材料（2〜3人分）
かつお（刺身用）.........................1柵
そら豆 ....100g（正味）
ペパーミント.........................1パック
ディル ....4〜5本
大葉.....................................7〜8枚
レッドキャベツのスプラウト.........1パック
レモン汁 1/2個分
塩、黒こしょう ....各適量
オリーブ油 大さじ2

1
かつおは血合いを取って5〜6mmの角切りにし、まな板の上にこんもりとまとめて、端から刻む。刻んではまとめてを繰り返して細かくし、粗い部分が少し残るくらいに刻んだらボウルに移す。やや強めに塩を振り、オリーブ油、レモン汁各半量を加えて混ぜ、冷蔵庫で冷やす。

2
鍋にお湯を沸かしてそら豆をゆでる。1分ほどで引き上げ、粗熱が取れたら皮をむいて、軽く塩を振っておく。

3
ハーブ類は冷水に5〜6分浸けてから水気をしっかり切る。ペパーミントとディルは葉を摘み、大葉は粗く刻む。レッドキャベツのスプラウトは3等分の長さに切り、すべてをボウルに合わせてざっと混ぜる。

4
大きめの器に1のかつおを円形に盛り、まわりに2と3を盛る。黒こしょうをたっぷり挽きかけ、全体に残りのオリーブ油とレモン汁を振る。食べる前にざっと混ぜ、全体をなじませる。

かつおのたたきサラダ

焼いたかつおと香味野菜で、ボリュームのあるサラダになります。調味料次第で和洋中エスニックと、好きなアレンジで。

材料（3〜4人分）
かつお（刺身用）.................大きめ1柵
新玉ねぎ 1個
香菜 2株

A	黒酢 大さじ4
	しょうゆ 小さじ2
	植物油 大さじ2
	にんにくのすりおろし 1/2片分
	しょうがのすりおろし...........小さじ1

塩、こしょう ....各適量
オリーブ油 小さじ1/2

1
かつおは血合いを取り除き、塩を振る。フライパンにオリーブ油を入れて中火で温め、かつおを入れる。軽く焼き色がついたら裏返し、すべての面を焼いたら、バットにのせ、冷蔵庫に入れておく。

2
新玉ねぎは4等分して根元を切り落とし、皮をはずす。繊維に沿って縦に薄切りにし、ボウル

に入れて冷蔵庫で冷やす。香菜は葉を摘んで茎の部分は1.5cm長さに刻む。Aをボウルに合わせて混ぜる。

3
1のかつおを4〜5mm厚さに切って器に並べ、全体に軽く塩を振る。かつおを覆うように2の新玉ねぎをのせて香菜を散らす。Aのたれをスプーンでところどころにかけ、こしょうを軽めに挽きかける。

かつおのフライとライムマヨネーズ

卵白はフライの衣に、卵黄はマヨネーズにすると無駄なくおいしく卵が生かせます。
マヨネーズはライムで個性的に。

材料（3〜4人分）
かつお（刺身用）.................. 大きめ1柵
卵... 1個
薄力粉 大さじ山盛り1
パン粉 .... 50〜60g
塩...適量
揚げ油（菜種油、太白ごま油、米油など）
....適量
ライム 1個
白ワインビネガー 小さじ1
オリーブ油 .... 150〜170㎖

1
かつおは血合いを取り除き、少し厚めのひと口大に切り分ける。バットに入れ、軽く塩を振る。

2
卵は卵黄と卵白に分ける。ボウルに薄力粉を

ふるい入れる。卵白と水150㎖（材料外）を混ぜ合わせ、薄力粉に加えて溶きのばす。

3
マヨネーズを作る。ボウルに2の卵黄と白ワインビネガー、ライムの搾り汁1個分、ライムの皮をすりおろしたもの4分の1個分、塩を入れ、泡立て器で混ぜ合わせる。オリーブ油を少しずつ加えながらしっかりと混ぜ、とろりとさせる。泡立て器で絶えず混ぜてしっかり乳化させること。

4
パン粉をビニール袋に入れて手でもんで細かくし、バットに入れる。2にかつおをくぐらせ、パン粉をしっかりまぶす。フライパンに揚げ油を1cm深さに入れて中火にかけ、170℃に温め、かつおを並べ入れる。動かさないように揚げ焼きし、上下を返してカリッと色よく揚がったらキッチンペーパーなどに取って油を切る。

5
マヨネーズを小さな容器に入れて器にのせ、まわりに4のフライを盛る。

memo 衣に卵白を使った残りの卵黄でマヨネーズを作る。硬めにしたければ油の量を多めに、ゆるめにするなら少なく。ライムのかわりに、レモンやリンゴ酢でも。ハンドミキサーやブレンダーがあれば、より簡単です。

秋から冬の
温まる煮込みとオーブン料理

ハッシュドビーフと卵とチーズのグリーンサラダ

ハッシュドビーフ

日本の洋食、ハヤシライスの元になった料理と言われるハッシュドビーフ。
牛肉は便利な切り落としをそのまま使い、トマトの酸みも加えます。

材料（約4人分）
牛肉　切り落とし（もも、バラなどミックス）
..................................約700g
トマト（完熟）.........................中2個
玉ねぎ 大1個
セロリ 1本
にんじん 中1本
きゅうりのピクルス 8本
トマトピュレ.........................約200㎖
赤ワインビネガー 大さじ4
ナツメグ 小さじ1/2
塩、こしょう ....各適量
無塩バター 20g
植物油...............................大さじ3
米.............................2½カップ
無塩バター............................30g
パセリ 1本
塩.................................適量

1

玉ねぎは4等分して薄切りにする。セロリの
茎は筋を取って粗い角切りに、葉は大きければ
縦2等分し、横に細切りにする。にんじんはセ
ロリと同じ大きさに切る。トマトは4等分して
ヘタを切り落とし、小さめの乱切りにする。き
ゅうりのピクルスは端を落として小口に切る。

2

牛肉はほぐすように平らな器に広げてのせ、塩
とナツメグを振りかけ、植物油小さじ1を回し
かけて手で混ぜ、もみ込んでおく。

3

フライパンに植物油小さじ2とバターを温め、
玉ねぎを入れる。軽く塩を振って混ぜながら
炒め、中火で3～4分動かさないで放っておく。
次第に焼き色がついてきたら、混ぜながら炒め
てバットなどに移す。フライパンに植物油小
さじ2を温めて、にんじんとセロリの茎を炒め
る。油となじんだらセロリの葉も加えて塩を
軽く振り、混ぜながらなじむまで3分ほど炒め、
バットなどに移す。

4

3のフライパンに植物油小さじ1を温めて、ト
マトを炒める。煮立ってきたらトマトピュレを
加え、軽く塩を振ってトマトが煮崩れてくるま
で中火で4～5分煮て火を止める。

5

大きめの鍋に植物油大さじ1を温め、牛肉を炒
める。軽く塩、こしょうして、混ぜながら中火
で火を通し、色が変わったら3の野菜を全部加
える。きゅうりのピクルスも入れてざっと混ぜ、

4のトマトソース、赤ワインビネガーを加えて
火を弱める。時々混ぜながら、少し水分が飛ん
で全体がなじむまで20分ほど煮込む。水気が
足りなくなったら、水(材料外)を適宜加える。

6

バターライスを炊く。バターを鍋に入れて弱
火にかけ、溶けて泡が出てきたら米を洗わず
に加え、バターを全体になじませる。水500
mℓ(材料外)を注ぎ、塩を軽く振る。ざっと
混ぜていったん煮立たせ、ごく弱火にしてふ
たをし、15分ほど少し硬めに炊き上げる。
5とバターライスを器に盛り合わせ、バター
ライスに細かく刻んだパセリを散らす。

memo 牛肉はナツメグと油をなじませておく
と、しっとり仕上がります。また野菜と牛肉は
別々に炒めてから合わせた方が調理しやすい、
と覚えておくといい。

卵とチーズのグリーンサラダ

材料(4・5人分)
サニーレタス......................... 約1/3株
フリルレタス 1株
きゅうり 大きめ1本
卵.. 2個
チーズ(ゴーダまたはチェダー).... 約50g
くるみ 約20g
塩...適量

ソース
| 生クリーム 100mℓ
| 塩..適量
| オリーブ油 大さじ2
| 白ワインビネガー................... 大さじ1
| レモン汁 1/2個分

1

葉野菜は冷水に浸けて7〜8分おき、食べや
すくちぎって水気を切り、ボウルに入れる。
きゅうりは両端を切って斜めに薄切りする。
卵は沸騰したお湯に入れて7分半ゆで、冷水
に取る。殻に軽くひびを入れて粗熱が取れた
ら殻をむいて2等分する。チーズとくるみは
薄切りにする。

2

ソースの材料を上から順にボウルに入れ、泡
立て器で混ぜてとろりとしたら器に移す。1
の葉野菜にきゅうりを加え、ごく軽く塩を振
って混ぜ、チーズとゆで卵とともに器に盛る。
くるみを振りかけ、ソースを添える。

ポテとビーツのサラダ

ポテ

ポテは、フランスのブルゴーニュはじめ内陸地方の塩漬け豚肉の郷土料理。
それを軽めに塩漬けして使いやすく。お肉のだしで野菜がおいしく煮込まれます。

材料（4〜5人分）
豚肩ロース肉（塊）.................約700g
ベーコン（塊）......................約200g
じゃがいも（メークイン）...............中6個
キャベツ............................約1/3株
玉ねぎ.........................小さめ2〜3個
にんにく.................................2片
塩.....................約28g（豚肉の4%）
こしょう................................適量

1

豚肉に重量の4%の塩をすり込む。ラップで
しっかり包み、冷蔵庫で半日〜1日寝かせる。
豚肉を冷蔵庫から出し、表面に塩が残っていた
らさっと洗って、しっかり水気を拭き取る（下
の写真の右側が寝かせた後のもの）。

2

豚肉とベーコンをそれぞれ2等分して鍋に入
れ、1.5〜2ℓの水（材料外）を注ぎ入れて中火
にかける。煮立ってきたら、丁寧にアクをすく
い、少しずらしてふたをして、ごく軽くふつふ
つと煮立つ程度の火加減で、やわらかくなるま
で1時間〜1時間半ほど煮込む。水分が減っ
てしまったら、その都度足す。

3

野菜の準備をする。じゃがいもは皮をむき、大
きさに応じて1個を2〜3等分して軽く水にさ
らす。キャベツは放射状に5〜6等分し、芯の
硬い部分を切り取る。玉ねぎは2等分し、根元
の硬い部分を少し切り落とす。にんにくは皮
をむく。

4

豚肉がやわらかく煮えたら、3の野菜を加え、
材料がほぼ浸かるくらいに水（材料外）を足す。
軽く煮立ててから火を弱めて、少しずらしてふ
たをして、野菜がくたっと煮えるまで静かに火
を通す。途中、水分が減ってきたら適宜足す。

5

豚肉とベーコンを取り出して食べやすく切り分け、野菜の水気を切りながら一緒に盛り合わせて、スープをかけ、仕上げにこしょうを挽きかけて好みで塩を振る。

memo 豚肉は最初に重さを量り、塩の量を決めておく。肩ロース肉やバラ肉など好みの部位で。じゃがいもは、煮崩れしにくい品種だと仕上がりがきれい。

ビーツのサラダ

材料（4人分）
ビーツ（水煮缶）.....................約250g
レモン 1/3個
生クリーム 約100ml
卵.. 3〜4個
塩...適量

ビーツは汁を飛ばさないように気をつけて水気を切り、2〜3mmにスライスしてから塩を振ってレモンを搾り、ざっと混ぜておく。生クリームは塩ひとつまみを加えて、少しとろみがつきはじめるくらいのさらっとした状態に軽く泡立てる。卵は沸騰したお湯に入れて7分半ゆでる。冷水に取り軽くひびを入れて冷まし、殻をむいて半分に割る。ビーツを器に盛り、塩を振った卵を添え、生クリームを回しかける。

塩漬け豚肉と野菜のスープ

塩漬け豚肉と野菜のスープ

料理は何しろ塩あってこそ。豚肉を塩漬けすると、その重要さが
よくわかります。ポテと同じように塩漬けし、シンプルなゆで豚
として食べ、そのだしをスープにします。塩は細かいものより
少し粗めの自然塩を使うと、塩辛くなりすぎずにほどよい加減に。

材料（約4人分）
豚肩ロース肉（塊）.................約350g
豚バラ肉（塊）......................約350g
塩（粗めのもの）.......約28g（豚肉の4%）
玉ねぎ....................................中1個
じゃがいも（メークイン）.........大きめ2個
ローリエ.................................1枚
レモン、粗塩、オリーブ油、黒こしょう
....各適量

1
豚肉に重量の4%の自然塩を全体に振り、すり
込む。ラップでしっかり包み、冷蔵庫に半日～
1日寝かせる。豚肉を冷蔵庫から出し、表面に
塩が残っていたらさっと洗って、しっかり水気
を拭き取る。

2
豚肉を鍋に入れ、1.5～2ℓの水（材料外）を注
ぎ入れて中火にかける。

3
アクが浮いてきたら少し火を弱めて、アクをす
くう。弱火にして、豚肉がやわらかくなるまで
1時間～1時間半静かに煮込む。豚肉に竹串
を刺して、抵抗なく通れば煮上がっている。い
ったん豚肉を取り出す。

4

玉ねぎは4等分して皮をむいてから、さらに横
に2等分する。じゃがいもは皮をむいて、4等
分し、軽く水にさらす。3のスープの味を見て、
塩味が強ければ水を足して、薄味に調える。そ
こに玉ねぎを入れ、ローリエを加えて弱めの中
火で20分ほど煮る。じゃがいもを加えて、さら
に約20分煮込む。スープの味を見て、濃けれ
ば水で、薄ければ塩を少量加えて調える。豚
肉はスープに戻して軽く温め、塊のまま、カッ
ティングボードなどにのせて食卓へ。くし形に
切ったレモン、粗塩、オリーブ油を添える。ス
ープは器に盛り、黒こしょうを軽く挽きかける。

memo 豚肉が残ったら炒め物や煮込みに便利。

チコリと白菜、ムールのクリーム煮

チコリと白菜、ムールのクリーム煮

以前、ベルギーで出会った家庭料理がすっかり気に入ってしまい、
初冬の旅を思い出しては作っています。試しにチコリと白菜を合わせたら、
苦みと甘みの特徴がなかなかいい相性。ムール貝を見つけると作りたくなる料理です。
生クリームはなるべく軽めのものを選ぶようにします。まろやかで温かい冬の味。

材料（3〜4人分）
ムール貝 約20個
チコリ 3本
白菜......................... 小さめ約1/3株
白ワイン ....100㎖
白ワインビネガー......................大さじ1
生クリーム ....200㎖
塩.......................................適量

1

ムール貝は洗ってから足糸（そくし）を引き抜く。片手で殻を押さえて手前に引っ張るが、やりにくければ小さめのナイフに足糸を引っかけるようにしてもいい。そのあと、塩水にしばらく浸ける。

2

大きめの鍋に白ワインと白ワインビネガー、塩少々を入れて煮立て、1のムール貝を加える。ふたをして、ムール貝の口が全部開くまで中火で火を通す。

3

ムール貝をいったんバットなどに取り出し、蒸し汁をキッチンペーパーでこしておく。飾り用に殻付きを5〜6個取り置き、残りのムール貝の身を殻からはずす。ムール貝の身に足糸が残っていないかを見て、あれば切り取る。

4

チコリは根元を少し切り落とし、縦に6〜8等
分に切り分ける。白菜をチコリと同じくらいの
大きさに細長く切り分ける。鍋に並べ入れ、塩
を振り、3の蒸し汁を加えて中火にかけてふた
をする。

5

4が沸騰してきたら火を弱め、10分ほど煮て
からムール貝をすべて加える。生クリームを
回しかけ、少しずらしてふたをし、弱火で温め
る程度に軽く煮込む。

たらと野菜のスープ

たらと野菜のスープ

大好きな冬の魚はたら。煮込むと滋味深いだしが取れ、どんな野菜とも合います。
身がやわらかいので、煮崩れることを前提にするのでとても気楽。
崩れるままに静かに煮て、ボリュームのあるスープに。
煮込めば必ず味が出るので、何度となく作る料理です。このスープにパンが
たっぷりあれば、長い冬も暖かく過ごせそう。スープは冬の基本食です。

材料（約4人分）

生たら... 2切れ
カリフラワー 中1株
玉ねぎ 大きめ1個
じゃがいも（メークイン）...............中3個
キャベツ 中1/4個
ベーコン（塊）........................ 約100g
にんにくの粗みじん切り............. 2片分
しょうがのすりおろし........... 大きめ1片分
牛乳.. 約500ml
無塩バター 20g
パルメザンチーズのすりおろし....... 大さじ4
塩、こしょう ....各適量

1

たらは1切れを4等分し、皮をむき、骨を抜いて塩を振る。カリフラワーは小房に分けて、さらに2等分する。玉ねぎは約1.5cmの角切りに、じゃがいもは皮をむいて小さめの角切りにする。キャベツは約2cm幅に切り分ける。

2

鍋にじゃがいも、キャベツ、玉ねぎ、にんにくを入れ、塩を振って材料の8分目くらいまで水（材料外）を注いで中火にかける。煮立ったらカリフラワーを加えてふたをし、火を弱めて15分ほど蒸し煮する。

3

ベーコンは約1cm厚さ、4cm長さに切る。フライパンにベーコンを入れ、弱火にかける。脂が溶けてきたら、1のたらを加えて、軽く混ぜながら炒め合わせる（身が崩れてもいい）。それを2の鍋に加え、材料がかぶるくらいに水（材料外）を入れる。しょうがを加え、ふたをして火を弱め、途中そっと混ぜながら10分ほど煮込む。

4

3の材料がなじんで、やわらかく煮えたら、牛
乳を加える。材料が軽くかぶるくらいに水加
減し（材料外）、味を見て足りなければ塩で味
を調え、弱火で2〜3分煮る。バターを加えて
溶かして仕上げる。盛りつけて、チーズを振り、
こしょうを挽きかける。

牛肉のビール煮

牛肉のビール煮

炭酸などビールの成分が牛肉をやわらかくするそうです。ビールで煮込むこの料理、
はじめが理屈なのかそれとも誰かの思いつきなのかはわかりませんが、とにかく
とてもいいやり方であることは確かです。ビールの種類は、コクのあるものだと
寒い時期に、すっきりしたものなら暖かい時期と、いつでも作れそうです。

材料（約4人分）
牛肩バラ肉（塊）.....................約700g
ビール ....330㎖
玉ねぎ 3個
じゃがいも（メークイン）.........大きめ3個
セロリ 1本
にんにく 1片
トマトピュレ...........................約80㎖
塩、こしょう ....各適量
植物油................................約大さじ2

1

牛肉は、大ぶりに切り分ける。玉ねぎは4等分
してから、放射状に5～6等分する。じゃがい
もは皮をむいて、大きめに切り分ける。セロリ
は筋を取り、薄切りに、葉は粗く刻む。にんに
くは皮をむいて2等分し、芯をはずして薄切り
にする。

2

フライパンに小さじ1の油を入れて中火にか
ける。十分温まったら牛肉を並べ入れ、軽く塩
を振る。しばらく動かさずに焼いて、向きを変
えながら全部の面を焼き、鍋に移す。そこに、
牛肉がかぶるくらいの水（材料外）を注いで中
火にかける。

3

2が煮立ってきたら少し火を弱め、アクをすく
う。軽く煮立つ程度の火加減にして煮る。牛
肉を煮ている間に玉ねぎを炒める。フライパ
ンに残りの油を温め、玉ねぎとにんにくを入れ
て軽く塩を振って、強めの中火で炒める。軽く
焼き色がついたら牛肉の鍋に移す（玉ねぎの量

が多いので、2回に分けると作りやすい）。鍋にふたをし、火を弱めて約40分静かに煮込む。

4

3の玉ねぎがやわらかく煮えたら、ビールを静かに注ぎ入れる。トマトピュレとセロリを加え、軽く混ぜてふたをとり、ごく軽く煮立つくらいの火加減で、煮汁を煮詰めていくようなつもりで30分ほど煮込む。途中じゃがいもを加え、やわらかくなったら味を見て、足りなければ塩を足して仕上げる。器に盛り、こしょうをたっぷり挽きかける。

野菜とマカロニのグラタン

野菜とマカロニのグラタン

誰もが好きで、ごちそうにもなり、少し懐かしい料理がグラタンです。
チーズは半分だけホワイトソースに混ぜると、
全体の一体感がアップするおすすめの方法。成功の秘訣は、
強めの火加減でこんがりと焼くこと。焼き色にはこだわって躊躇なく。
ホワイトソースは一番最初に作っておくことも忘れずに。

材料（3～4人分）

カリフラワー 小さめ1株
玉ねぎ 1個
マッシュルーム .... 5～6個
マカロニ 約100g
卵 2個
パセリ 1本
シュレッドのチーズ（エメンタールなど）
.... 約200g
オリーブ油 .... 小さじ2＋大さじ1
塩 ....適量

ホワイトソース

| 牛乳 .... 600㎖
| 生クリーム .... 200㎖
| 薄力粉 大さじ3
| オリーブ油 大さじ1½
| 無塩バター 約40g
| 塩 ....適量
| ナツメグ ....適量

1

はじめにホワイトソースを用意する（右ページ参照）。卵は沸騰したお湯に入れて7分半ゆでて冷水に取り、殻をむいて4～5等分する。カリフラワーは小房に分け、茎が長ければ切り分ける。たっぷりのお湯を沸かし、塩少々を加え、マカロニをゆでる。指定のゆで時間の4分前になったらカリフラワーを加えて一緒にゆで上げ、水気を切る。バットなどに移し、オリーブ油（小さじ2）を混ぜる。

2

玉ねぎは薄切りにする。マッシュルームは石突

きを取り、3mmほどの厚さに切る。フライパンにオリーブ油（大さじ1）を入れて中火にかけ、玉ねぎを炒め、しんなりしたらマッシュルームを加えて炒め、塩を振って混ぜ合わせる。大きめのボウルに移し、1と葉を摘んで粗く刻んだパセリ、チーズの半量を加える。ホワイトソースを2回に分けて加え、ざっと混ぜ合わせる。

3
オーブンを220℃に温める。耐熱容器にオリーブ油（材料外）を薄く塗り、2を詰めて残りのチーズを振り、フォークでざっくり混ぜる。20〜30分、強めの焼き色がつくまで焼く。

ホワイトソースの作り方
1
鍋に牛乳を入れて中火にかけ、煮立ってきたら生クリームを加えて火を止める。薄力粉をふるっておく。

2
フライパンにオリーブ油とバターを入れて弱めの中火で温め、バターが溶けて泡立ってきたら薄力粉を加える。焦げないように火加減し、木べらで絶えず混ぜながら、粉気がなくなるまで炒める。

3
バターと薄力粉がペースト状に混ざり合ったら、1の牛乳の3分の1量を加える。混ぜ続けるとなめらかになっていくので、手を止めずに混ぜ続けること。残りの牛乳も2回に分けて加えて塩も入れ、ごく軽く煮立つくらいに保つ。

4
最後に泡立て器で混ぜて完全にダマをなくし、とろりとしたソース状になったら、ナツメグを加えてひと混ぜして仕上げる。ホワイトソースは混ぜ続けてでき上がるもの。慌てず、火から外しながら様子を見るといい。

豚肉、あさりと野菜の鍋

豚肉、あさりと野菜の鍋

鍋料理は、何より具材の準備が肝。だしもたっぷりと用意して、パーツが
そろったら煮はじめます。最後まですっきりと気持ちよく食べるコツは、
小さめの鍋で煮立てただしに好きな具材を組み合わせ、全部さらって食べ、
まただしを煮立ての繰り返し。だまされたと思って試してみてください。

材料（約3～4人分）
豚肉（肩ロース薄切りとモモ薄切り）
.... 各200g
あさり（殻付き）...................... 約300g
長ねぎ 2本
水菜 2束
油揚げ 2枚
かぶ 3個
│ 黒酢 約大さじ5
│ しょうゆ 約大さじ4
ゆず、レモン 各2個
昆布 約10cm角2枚
塩... 適量
ご飯 .... 適宜

1
あさりは塩水に浸けて砂抜きをしておく。土鍋
に約2.5ℓの水（材料外）と昆布を入れ、20分
ほどおいてから弱火にかける。煮立ったら火
を弱めて10分ほど煮て昆布を引き上げ、塩を
加える。

2
長ねぎは斜めに薄切りし、ボウルに入れて手で
よくほぐす。水菜は洗ってから根元を切り落と
し、4～5cm長さに切り分ける。油揚げは、温
めたフライパンで両面をこんがりと焼き、拍子
木に切りそろえる。

3
豚肉は1枚を2等分し、沸騰したお湯に2～3
枚ずつ入れてさっとゆでて引き上げる。かぶ
はすりおろし器に盛り、2の野菜とあさり、油
揚げ、豚肉はざるなどに盛って食卓へ。

4

食卓で土鍋のだしを軽く煮立て、あさりを入れてふたをする。少し火を弱め、数分で様子を見て口が開いてきたら豚肉と油揚げを加える。水菜をのせ、さらに長ねぎをたっぷりのせてふたをし、数十秒でふたを開ける。

5

4を器に盛り、3のかぶをのせ、黒酢としょうゆを混ぜたものを回しかける。切り分けてタネを取ったゆずやレモンを搾りかける。好みで七味唐辛子などを振ってもいい。鍋の仕上げに温かいご飯を盛って、かぶをのせ、ゆずを搾る。だしを少しかけて食べる。

たらと野菜の鍋

たらと野菜の鍋

昆布にするめを加えた、深みのある個性的なだしのお鍋です。
半日ほど漬けた白菜の塩もみ、揚げたしいたけ、
酸っぱいごまだれで、ありそうでなさそうなはじめての味に。
この中にさらに薄切りの豚バラ肉を加えると、寒い季節のパワー鍋。

材料（約4人分）

生たら	4切れ
白菜	1/4個
塩	小さじ2
生しいたけ	4本
もやし	1袋
九条ねぎ	1束
もめん豆腐	1丁
日本酒	約50ml
昆布	約10cm角
するめ	5〜6g
ゆず	2個
塩	適量
揚げ油	適宜

たれ

練りごま	大さじ5
米酢	大さじ3
しょうゆ	小さじ1

雑炊

米	1.5合
煎り大豆	1/2 カップ
塩、黒こしょう	各適量

1

白菜は長さを3等分し、白く硬い部分は横に細切りし、緑のやわらかな部分は、幅1.5cmに切り分ける。塩小さじ2を振って軽くもんで保存袋に入れる。半日以上おく。

2

だしを作る。鍋に約2.5ℓの水（材料外）と日本酒、昆布、するめを入れて30分ほどおく。弱火にかけて、煮立ってきたらごく弱火にして、4〜5分煮てから昆布を取り出し、塩を加える。

3

しいたけは石突きを落とし、薄切りにする。フライパンに揚げ油を170℃に温め、しいたけを全部入れる。こんがりと揚がったらキッチンペーパーにのせて塩を軽く振る。揚げる時、重なっていたら、時々動かす程度にして色づくまでいけっと、カリッと揚がる。

4

たらは1切れを3等分し、軽く塩を振り、10分ほどおいたら水気を拭き取る。もやしは根を取る。九条ねぎは長さ1.5cmほどに切る。もめん豆腐は12等分に切り分ける。ゆずは半分に切る。たれの材料をボウルに混ぜて練り合わせ、適宜水（材料外）を足して溶きのばす。

5

卓上で鍋を仕上げる。鍋を火にかけ、具材をそれぞれ半量くらい入れて煮る。まず白菜を、漬けて出た水分も一緒に入れる。もやし、たら、素揚げのしいたけ、豆腐を入れて、最後に九条ねぎをのせ、ふたをして2〜3分、吹きこぼれないように煮てでき上がり。ゆずを搾り、練りごまのたれをかけて食べる。食べ終わったら残りの具を同様に煮る。

6

最後に、鍋に残った具材をレードルですくって器に移す。鍋の仕上げに、研いだ米を鍋に入れ、だし（材料外、水でも）を足して、米が十分浸かっている状態にする（目分量）。中火にかけ、煮立ったら煎り大豆を加える。ふたをして2〜3分して水分が足りないようなら100mlくらい足し、米がやわらかくなりすぎないように炊き上げる。塩を振り、取り置いた具材をのせて軽く温める。器に盛り、黒こしょうを挽きかけ、ゆずを搾る。

「きのこ」

きのこ3種のクリーム焼き

舞茸と黒豆の炊きおこわ

鶏肉ときのこのソテー

きのこ3種のクリーム焼き

きのこをおいしく仕上げるための下ごしらえは、
水分を飛ばすこと。干してもいいし焼いてもいい。
味を凝縮させてからクリームで焼き上げます。

材料（約4人分）
しいたけ（肉厚のもの） 6本
エリンギ 大小取り交ぜて4本
まいたけ 1パック
生クリーム .... 200㎖
オリーブ油 .... 大さじ1＋小さじ1
塩、こしょう .... 各適量
ナツメグ .... 少々

1
しいたけは石突きを切り落とし、縦に2つに割
く。エリンギは長いものは3等分してから縦に
3等分くらいに割く。まいたけは食べやすい
大きさに分ける。きのこ類をすべてボウルに
入れ、オリーブ油（大さじ1）を回しかけ、塩を
振って全体をよく混ぜる。

2
オーブンを200℃に温める。耐熱容器に1の
きのこを移し、平らにならしてオーブンで15分
焼いて水気を飛ばす。

3
きのこをオーブンからいったん取り出し、生ク
リームを回しかけ、こしょうを挽いて、ざっと
混ぜる。ナツメグを振り、オリーブ油（小さじ
1）を回しかけてオーブンに戻す。温度を220
℃に上げて、表面に焼き色がつくまで約10分
焼く。

舞茸と黒豆の炊きおこわ

うるち米ともち米を半々に合わせるので、
程よい粘りが食べやすく、気楽に作れる
おこわです。黒豆の食感をアクセントに。

材料（4〜5人分）
舞茸 2パック
うるち米 1.5合
もち米 1.5合

A	煎り黒豆 約80g
	銀杏の水煮 約50g
	しょうがのすりおろし..... 小さじ山盛り1
	しょうゆ 大さじ3
	塩 ....適量
	ごま油........................... 小さじ1

赤唐辛子粉 小さじ約1/4

1
舞茸は食べやすくほぐす。米を合わせて研ぎ、
水を切って土鍋などの厚手の鍋に入れて15分
ほどおく。鍋に舞茸をのせ、Aを加える。

2
1をざっと混ぜ、水400㎖（材料外）を注ぎ入
れる。ふたをして弱めの中火にかける。煮立
ってきたらできるだけ火を弱め、15分炊く。
火を止めてざっと混ぜ、味を見る。足りなけれ
ば塩を少し振り、ふたをして10分ほど蒸らす。

3
2に赤唐辛子粉を振って仕上げる。

memo　より中華風にしたければオイスターソ
ースを加え、和風ならごま油を省きさっぱりと。

鶏肉ときのこのソテー

きのこのソテーは秋の味。レモンや白ワインで
さっぱりと風味づけして、仕上がる頃には
全体がしっとりとなじみます。

材料（約4人分）

鶏もも肉 大きめ2枚
しいたけ 3本
マッシュルーム .... 5～6本
玉ねぎ 中1個
にんにく 1片
白ワイン 大さじ3
レモン汁 小さじ2
イタリアンパセリ 2本
塩...............................適量
オリーブ油 大さじ2

1

鶏肉は1枚を4等分し、余分な脂と筋を取り除
く。バットにのせ、全体に塩を振る。しいたけ
は石突きを切り落として、縦に4～5等分、マッ
シュルームは縦に3～4等分（小さければ2
等分）、玉ねぎは2等分して根元を切り離し、
薄切りする。にんにくは皮をむいて芯をはず
し、2等分する。

2

1の鶏肉の塩を洗い流し、キッチンペーパーで
水気を取る。大きめのフライパンにオリーブ
油の半量とにんにくを入れ、中火にかける。に
んにくの香りが立ってきたら、1のきのこと玉
ねぎを入れ、軽く塩を振って水気が出ないよう
に強火で軽く炒め合わせる。いったんフライ

パンから取り出す。

3

2のフライパンを軽く拭き、残りのオリーブ油
を入れて温め、鶏肉の皮目を下にして並べ入
れる。強火で皮を焼き、しっかり焼き色がつい
たら上下を返す。白ワインを加え、少し火を弱
めてふたをし、3～4分蒸し焼きする。取り出
しておいたきのこを戻して温める。仕上げに
レモン汁を振ってざっと混ぜて火を止める。
鶏肉ときのこを器に盛り、イタリアンパセリの
葉を刻んで散らす。

「さんま」

さんまのコンフィ

さんまとししとうの辛味噌煮

さんまのアンチョビ焼き

さんまのコンフィ

コンフィは油煮のこと。オリーブ油の
風味を加えた油で静かに煮ると、
さんまの身が締まって凝縮した味わいに。

材料（2〜3人分）

さんま	2尾
ベーコン（塊）	約30g
ドライドトマト	2個
レモン	1/2個
にんにく	1片
塩	少々
粒こしょう	10粒程度
植物油	約100mℓ
オリーブ油	大さじ2

1

さんまは頭を切り落とし、腹に切り込みを入れ
て内臓を取り、流水で洗う。2等分し、全体に
軽く塩を振ってバットに並べる。レモンは3枚
分ほど薄切りにし、残りは搾る。ドライドトマ
トは1個を4等分する。ベーコンは厚めの短
冊に切り分ける。

2

1のさんまの塩気を洗い流し、キッチンペーパー
でしっかり水気を拭き取る。さんまを鍋に
入れ、ベーコンとにんにく、レモンのスライス
をのせ、粒こしょうを散らす。そこに油を全部
回しかけ、弱めの中火にかける。煮立ってきた
ら弱火にしてオーブンペーパーをのせ、ごく軽
くふつふつと煮立つ程度の火加減で煮込む。

3

15分ほど静かに煮てさんまの上下をそっと返
し、さらに5〜6分煮る。ドライドトマトを加
えて温め、火を止めレモン汁を振り、常温にな
るまでおく。器に盛って軽く塩を振る。

さんまとししとうの辛味噌煮

酒の肴に、ご飯にのせてもおいしい
辛い味噌味のさんま。甘みのある韓国唐辛子を
ぜひ使ってみてください。

材料（作りやすい量）

さんま		2尾
日本酒		大さじ2
ししとう		大きめ約10本
	味噌	大さじ3
	しょうがのすりおろし	小さじ2
	韓国唐辛子粉（粗挽き）	小さじ1強
	三温糖	大さじ1
A	白ごま	小さじ1
	塩	適量
	日本酒	大さじ2
	しょうゆ	大さじ1
	植物油	小さじ1弱

1

さんまは頭と尾を切り落とし、4等分に切り分
けて内臓を取り、流水で洗って水気を拭き取る。
ボウルに入れ、全体に軽く塩（材料外）をし、日
本酒を振り、全体にまぶして4〜5分おく。し
しとうはヘタの先を少し切り落とし、全体を3
等分する。

2

小さめのボウルにAの味噌を入れ、残りのAをすべて加えて混ぜ合わせる。水大さじ2～3（材料外）を加え、のばしておく。

3

1のさんまの塩を洗い流し、水気を拭き取って鍋に入れる。2の半量を散らし、ししとうをのせる。その上に残りの2をのせる。水を大さじ2くらい（材料外）振って中火にかける。煮立ってきたら鍋を軽く揺すり、全体をなじませてふたをする。

4

3を弱めの中火で7～8分煮る。ふたをとって、軽く揺すりながら焦げつかないように火を通す。水気が足りなくなったら水を適量（材料外）加え、その水気を飛ばすように煮詰めていく。ししとうに火が通り、さんまの身が硬く締まってきたら火を止める。

さんまのアンチョビ焼き

さんまとアンチョビ？
これがいい相性なんです。アンチョビの塩気が
付け合わせのじゃがいもにもぴったり。

材料（2人分）

さんま	2尾
アンチョビ・フィレ	4枚
じゃがいも（男爵）	大きめ2個
薄力粉	大さじ2
塩、こしょう	各適量
オリーブ油	約大さじ3
レモン	1/3個

1

さんまは頭を切り落とし、腹に切り込みを入れて内臓を取り、流水で洗って水気を拭き取る。全体に軽く塩を振って、薄力粉をしっかりとまぶしつける。アンチョビは1枚を2～3等分する。

2

じゃがいもの皮をむいてひと口大に切り、水に軽くさらして鍋に入れ、かぶるくらいの水を注いで、中火にかける。煮立ったらやや火を弱めて、やわらかくなるまでゆでる。少し角が取れるくらいに火が通ったら、残っている水を少し残して捨て、中火で水気を飛ばす。塩少々とオリーブ油大さじ1を振って全体を混ぜ、ふたをして保温しておく。

3

フライパンにオリーブ油大さじ1を温め、余分な粉を落としてさんまを並べ入れる。下の面がしっかり焼けたら上下を返し、残りのオリーブ油を回しかけてさらに焼く（オリーブ油が足りなければ適宜足す）。アンチョビを加えて、全体に茶色くなるまでしっかり焼く。器に2とともに盛り、じゃがいもにこしょうを挽きかけて、切り分けたレモンを添える。

「ラム肉」

ラムチョップのソテー トマトとパセリのソース

ラム肉とひよこ豆のカレー

ラムソテーのサンドイッチ

ラムチョップのソテー
トマトとパセリのソース

焼いたラムをさっぱりとまとめるトマトと
パセリのソース。油が強いはずのラム肉が
さっぱりと食べられます。

材料（2人分）
ラムチョップ 4本
塩 ....適量
植物油 .... 少々
ソース
| トマト 中2個
| イタリアンパセリ 3本
| 皮付きアーモンド .... 4〜5個
| にんにく............................. 1/2片
| 塩 ....適量
| オリーブ油 大さじ2
| レモン汁 1/6個分

1
ラムチョップは背側の脂が厚ければ適宜切り
落として常温におく。トマトは4等分してから、
1切れをさらに4等分くらいに切り分け、それ
をまた4等分にと小さな角切りになるまで刻
んでボウルに入れる。イタリアンパセリの葉
を摘む。アーモンドは粗く刻む。

2
1のパセリとアーモンド、にんにくをまな板に
置き、ざっと混ぜて端から細かく刻んでいく。
パセリが粗みじんの状態になったら、トマトを
入れたボウルに移し、塩少々とオリーブ油を回
しかけ、レモン汁を加えて混ぜ、ラップをかけ

て冷蔵庫で冷やす。

3
ラムに塩をまんべんなく振る。フライパンに
植物油少量を入れて中火にかけて温める。油
をキッチンペーパーで軽く拭き取ってラムを
並べ入れる。中火（強すぎないように）でふた
をして2〜3分焼く。ふたを取ってこんがりと
焼けていたらラム肉を裏返し、脂が溶け出して
いたら軽く拭き取りながら2〜3分焼く。

4
器に3のラムを盛り、2のソースをたっぷり添
える。

ラム肉とひよこ豆のカレー

ラム肉は刻んでたたいて、ひき肉とも違う
独特の食感に。硬めに炊いたご飯、
インディカ米やナンにも合いますよ。

材料（約4人分）
ラム肩ロース薄切り肉 約600g
玉ねぎ 大1/2個
ひよこ豆の水煮 約200g
にんにくのすりおろし 1片分
しょうがのすりおろし.................... 約20g
トマトピュレ............................ 約200g
カレー粉（あれば粗挽き）........... 大さじ2
ガラムマサラ 小さじ1
塩、黒こしょう .... 各適量
植物油.............................. 約大さじ1
卵 4個
米 2カップ

1

米を研ぎ、同量の水分量で炊く。卵は沸騰したお湯に入れて7分半ゆで、殻にひびを入れて冷水に取る。

2

ラム肉を粗く切り分けてから包丁で端から刻み、粗みじんくらいにする。玉ねぎは繊維にそって縦に薄切りにし、方向を変えて繊維に垂直に細かく刻む。ひよこ豆は水気を切る。

3

鍋か深めのフライパンに油とにんにく、しょうが、玉ねぎを入れ、弱めの中火で炒め合わせる。材料が油になじんで香りが出てきたらラム肉を加え、軽く塩を振ってさらに炒める。ラムに火が通って脂が出てくるまで炒め、ひよこ豆、カレー粉、トマトピュレの半量を加える。

4

3がしっかりなじむまで、時々混ぜながら炒める。鍋底に少し焦げつきはじめたくらいで水を1カップ(材料外)加え、残りのトマトピュレとガラムマサラ、塩を入れて弱火で煮込み、水分が少なめになってきたら火を止める。

5

4の味を見て、足りなければ塩を加える。ご飯を器に盛り、カレーをのせ、殻をむいて半分に切った卵をのせる。黒こしょうを挽きかける。

ラムソテーのサンドイッチ

チーズと2種類を混ぜたマスタードは、
焼いたラム肉に負けない風味。それを重すぎず
軽やかにするのがビネガーを振ったきゅうりなのです。

材料（2人分）
ラム肩ロース肉（塊）................ 約250g
チェダーチーズ......................... 約80g
きゅうり 1本
練りマスタード、粒マスタード.. 各小さじ1強
パン（バタール、カンパーニュなど）... 4枚
白ワインビネガー......................... 少々
塩...適量
オリーブ油 小さじ1/2

1

ラム肉は、端から7〜8mm厚さに斜めにスライスする。きゅうりは両端を落とし、2等分して縦に薄切りしてから、白ワインビネガーを振る。チーズは4〜5mmにスライスする。マスタード2種類は、ボウルに入れて混ぜる。

2

フライパンにオリーブ油を温める。1のラム肉を入れ、軽く塩を振る。強めの火加減で焼き、軽く焼き目がついたら取り出す。

3

パンを温める程度に軽くトーストする。4枚を並べ、1のマスタードを塗る。きゅうり、2のラム肉、チーズを順に重ね、パンをのせて軽く押さえる。2等分し、ピックを刺して固定する。

「カリフラワー」

カリフラワーとグリーンオリーブのパスタ

カリフラワーのサブジ

カリフラワーとたらのポタージュ

カリフラワーとグリーンオリーブのパスタ

カリフラワーとグリーンオリーブ、チーズの
シンプルなパスタ。サラミや生ハム、ツナ、
ドライドトマトでアレンジしてもおいしいですよ。

材料（約2人分）
パスタ（フェデリーニ）.................160g
カリフラワー 小1/2株
グリーンオリーブ（タネを抜いたもの）...12個
パルメザンチーズ .... 大さじ2＋適量
オリーブ油 大さじ2
にんにく 1片
塩.....................................適量

1
カリフラワーは根元を切り落として小房に分
け、端から5mmほどの薄切りにする。にんに
くの皮をむき、半分に切る。鍋にお湯をたっぷ
り沸かし、塩小さじ1とにんにくを入れてパス
タをゆではじめる。

2
グリーンオリーブは4等分に薄切りにする。
大きめのボウルにオリーブとオリーブ油、塩ひ
とつまみ、パルメザンチーズを大さじ2入れる。

3
1のにんにくを取り出す。パスタがゆで上がる
前に、カリフラワーを入れて（指定のゆで時間
の3分前くらい）、一緒にゆでる。ゆで上がっ
たら、パスタとカリフラワーの水分を軽く切り
ながら2のボウルに入れる。

4
3をトングで手早くしっかりと混ぜ合わせ、器
に盛る。パルメザンチーズを好みの量かける。

カリフラワーのサブジ

インド料理の定番、野菜を蒸し炒めするサブジを、
カリフラワーで作ります。スパイスの香ばしい
風味がカリフラワーの個性にぴったりです。

材料（約4人分）
カリフラワー 小さめ1株
玉ねぎ 1/2個
ベーコン 2枚
しょうがのすりおろし..................小さじ1
にんにくのすりおろし 小1/2片分
カレー粉 小さじ1
ガラムマサラ 小さじ1/2
トマトピュレ............................大さじ4
塩.....................................適量
植物油...............................大さじ1

1
カリフラワーは根元を切り落として小房に分
け、大きいものは2等分して大きさをそろえる。
内側のやわらかい葉も使う。玉ねぎは皮をむ
き、縦に薄切りする。ベーコンは1cm幅に切
る。

2
深めのフライパンか鍋に植物油を入れて弱火に
かける。ベーコンと玉ねぎ、しょうがとにんに
くを加えて炒める。軽く塩を振り、しんなりす
るまで炒めたら、カリフラワーを加えて混ぜる。

3

2にカレー粉とガラムマサラを振り、トマトピュレと塩も少し加えて、底から返すようにして混ぜる。水100㎖（材料外）を注ぎ入れ、ふたをして弱めの中火で蒸し焼きにする。

4

10分ほど経ったらふたを取り、ざっと混ぜる。水気がなくなっていたら水大さじ2〜3を加え、再びふたをしてさらに10分くらい火を通す。カリフラワーがやわらかくなって、水気が少し残る程度になったらでき上がり。好みのパンやナン、トルティーヤを添える。

カリフラワーとたらのポタージュ

冬の間中、繰り返し作りたくなること
請け合いのスープです。
つぶして粗い食感に仕上げるのがポイント。

材料（3〜4人分）

カリフラワー	小さめ1株
生たら.............................	3切れ
玉ねぎ	1/2個
じゃがいも（男爵）.....................	中3個
にんにくの粗みじん切り..............	1片分
イタリアンパセリ	1本
白ワイン	100㎖
オリーブ油	小さじ1
生クリーム	100㎖
無塩バター	大さじ1
塩...............................	適量

1

たらは皮をはいで、1切れを6等分くらいに切り分け、軽く塩を振る。カリフラワーは根元を切り落として小房に分け、さらに1個を3〜4等分に切り分ける。玉ねぎは粗みじんに切る。じゃがいもは皮をむいて、1個を8等分に切り、水にさらす。

2

鍋にオリーブ油とにんにくを入れて弱火にかけ、炒める。香りが立ってきたら少し火を強め、玉ねぎを入れて軽く炒める。次にカリフラワーとじゃがいもを入れて、軽く塩を振って炒め合わせる。たらを加えてざっと混ぜて白ワインを注ぐ。弱めの中火にしてふたをし、10分くらい蒸し煮する。

3

材料がやわらかく煮えてきたら、泡立て器で細かくつぶし、水500㎖（材料外）と生クリーム、バターを加える。ごく弱火で10分ほど煮てから味を見て、足りなければ塩を加える。器に盛り、刻んだイタリアンパセリを散らす。

「じゃがいも」

ジャケットポテト

やわらかいマッシュポテト

コーンビーフポテト

ジャケットポテト

焼いたじゃがいもに好きなフィリングを
詰めるジャケットポテト。
イギリスのソウルフードのひとつです。

材料（4人分）

じゃがいも（男爵、きたあかりなど）...中4個
サワークリーム 約大さじ4
ベーコン（塊）.......................... 約100g
チェダーチーズ......................... 約80g
イタリアンパセリ 2本
オリーブ油 大さじ1
塩、こしょう ....各適量

1

じゃがいもはよく洗って水気を拭き取り、ボウ
ルに入れる。塩ひとつまみとオリーブ油を回
しかけ、ボウルを揺すって塩と油がじゃがいも
にまんべんなくなじむようにする。オーブンを
190℃に温める。

2

天板にオーブンペーパーを敷き、1のじゃがい
もをのせて、オーブンで1時間焼く。

3

サワークリームはスプーンで練ってやわらかく
する。ベーコンは小さめの拍子木に切り分け、
温めたフライパンでこんがりと焼く。チェダ
ーチーズは小さな角切りに、イタリアンパセリ
は茎ごと粗みじんに刻む。

4

じゃがいもの皮がパリッと焼けて、竹串がすっ
と通れば焼き上がり。熱いうちにオーブンペ
ーパーごとまな板などにのせ、深く切り込みを
入れる。

5

サワークリームをスプーンですくってのせ、少
し温め直したベーコン、チェダーチーズ、イタ
リアンパセリを散らし、こしょうを挽きかける。

やわらかいマッシュポテト

クリームのように仕上げたマッシュポテトに、
オリーブとアンチョビのせ。
ワインにも、ビールにも。

材料（2〜3人分）

じゃがいも（男爵、北あかりなど）.....中3個
無塩バター 30g
オリーブ油 大さじ1
アンチョビ・フィレ...................... 3枚
グリーンオリーブ（タネを抜いたもの）
.... 約12個
塩...適量

1

じゃがいもは、洗ってから皮をむき、1個を6
等分くらいに切り分けて軽く水にさらす。鍋
に入れ、ひたひたの水（材料外）を注いで中火
にかける。煮立ってきたら少し火を弱めて、や
わらかくなるまでゆでる。

2

1のじゃがいもが煮崩れたら、水分が少し残っ
た状態で火を弱め、塩、バター、オリーブ油を
加えて泡立て器でつぶす。通常のマッシュポ

テトよりやわらかく仕上げるので、水気が飛んだら途中で水（材料外）を足し、ごく小さな塊が残る程度までつぶし続ける。

3

2の味を見て、足りなければ塩を足し、とろりとしたピュレ状にする。器に盛り、2～3等分にしたアンチョビとグリーンオリーブを散らす。そのままでも、パンにのせてもおいしい。

コーンビーフポテト

じゃがいも、コーンビーフ、
黒こしょうの最強トリオです。
カリッとするまで焼いて香ばしく仕上げます。

材料（2～3人分）
じゃがいも（メークイン）................. 3個
コーンビーフ 約80g
塩、黒こしょう ....各適量
植物油（米油などくせのないもの）
....小さじ2

1

じゃがいもは洗って皮をむき、縦に2等分、長さを4～5等分して水にさらす。鍋に入れてかぶるくらいの水（材料外）を注ぎ、中火にかける。煮立ったら少し火を弱めて、やや硬めに火が通るまでゆでる。竹串を刺して確認し、やわらかくなりすぎないところで水気を切ってボウルに入れる。

2

コーンビーフは1cmくらいの角切りにする。

フライパンに油を温め、まずじゃがいもを焼く。軽く塩を振り、あまり動かさないようにしてじっくり焼き、表面が固まって薄く焼き色がついてきたら、コーンビーフを上に散らす。

3

2をそのまま動かさずに2分ほど焼き、コーンビーフの脂が溶けてきたら、フライ返しで何ヶ所かを大きく返すようにし、コーンビーフがカリッと焼けて、じゃがいもにこんがり焼き色がつくまで火を通す。器に盛り、黒こしょうを挽きかける。

酒の肴

しょうが味噌　アンチョビソース　焦がしバター／冷やしバター

酒の肴

味噌、アンチョビ、バター。おなじみの調味料で、
酒の肴を作りましょう。塩気、焦げた香り、辛みや酸みを加えると、
お酒がおいしく飲める肴になります。自分で作れば、生野菜、ゆで野菜、
豆腐、パン、ゆで肉などなど、身近でシンプルな素材が特別な味に。
そのままご飯のお供になるのもいいところ。

しょうが味噌

材料（作りやすい量）

しょうがのすりおろし...................... 50g

合わせ味噌 150g

すりごま............................... 50g

みりん...............................大さじ4

酒 大さじ4

しょうゆ..............................小さじ1

マスタード............................大さじ1

作り方

鍋にマスタード以外の材料をすべて入れる。
それを中火にかける。木べらで混ぜながら煮
詰め、水分がほどよく飛んで鍋肌が少し焦げ
て、香ばしい香りがしてきたら火を止める。マ
スタードを加え混ぜる。そのまま冷まし、瓶な
どに詰めて保存。冷蔵庫で1ヶ月以上もつ。

酒の肴

温めたフライパンに油揚げ2枚を並べ入れて、
こんがりと焼き、食べやすく切り分ける。大根
3cmは皮をむいて2〜3mmに切り、軽く塩
少々を振って混ぜて2〜3分おいてから水でさ
っと洗う。鶏もも肉1枚は塩大さじ1をまぶし
て30分以上おき、塩をさっと洗い流して鍋に
入れる。かぶるくらいの水を注いで中火にか
け、煮立ったらアクをすくって静かに20分ほ
ど煮て火を止め、そのまま冷ます。食べやすく
切り分ける。器に盛り、しょうが味噌を添える。

アンチョビソース

材料（作りやすい量）

アンチョビ・フィレ...................... 約50g

にんにく .... 小2〜3片

オリーブ油 100ml

作り方

アンチョビは粗く刻んで鍋に入れる。皮をむ
いたにんにく、オリーブ油も加えて弱火にかけ
る。煮立ったら火を弱め、アンチョビが煮崩れ
るまで、4〜5分ほど煮る。そのまま冷まして
瓶などに入れる。冷蔵庫で約2週間を目安に
使う。

酒の肴
卵2個を沸騰したお湯に入れて7分半ゆで、冷水に取る。殻をむいて半分に割る。カリフラワー2分の1株は小房に分け、かぶ2個は大きさに応じて2〜4等分し、皮をむく。鍋にお湯を沸かして、煮立ったらカリフラワーとかぶを全部入れ、3〜4分ゆでて水気を切り、粗熱を取る。皿に盛り、アンチョビソースをかけ、こしょうを挽きかける。

焦がしバター／冷やしバター
材料（作りやすい量）
無塩バター 約20g

焦がしバターの酒の肴の作り方
オイルサーディン缶の油は半分くらい捨てる。無塩バター約20gを小さなフライパンか鍋に入れて弱火にかけ、煮立って茶色くなってきたらオイルサーディン缶に回しかける。トーストした好みのパンを添える。

冷やしバターの酒の肴の作り方
よく冷やした無塩バターを4〜5mm厚さに切り、プンパニッケルなどの黒パンの薄切りにのせ、粗塩を振る。

デザート

デザートを食べたくなるのは、
料理がうまく作れた時、機嫌よく食べ進んだ時、
早めに食事をはじめて、食後の時間を
のんびりとくつろいでいる時。食事の余韻を
楽しむお供に、小さなおいしいものを。
お茶やお酒と合わせて食べて、
おいしかった、幸せな気分、と思ったら、
それはとてもいい食事だったということ。

プルーンの小菓子

材料（作りやすい量）
プルーン ....適量
くるみ ....適量
ビターチョコレート ....適量

プルーンに縦に切り込みを入れ、タネを取り出す。そこにくるみ（ローストしてあるもの）と小さく刻んだビターチョコレートを詰める。プルーンで包むようにして口を閉じ、軽く押さえてなじませる。食べる時に2等分に切って、コーヒーや紅茶と一緒に。食後酒とも合う。

アイスクリームのチョコレートソースかけ

材料（4人分）
バニラアイスクリーム（120㎖）......... 4個
チョコレート（カカオ85％）............. 100g
インスタントコーヒー（エスプレッソ）大さじ1
アマレット................................... 大さじ2

チョコレートは細かく刻む。ボウルに入れ、インスタントコーヒーとアマレットも加える。アマレットとは、アーモンドの香りのするリキュール。ボウルを湯煎にかけ、チョコレートがやわらかくなったら、ゴムベラでなめらかになるまで混ぜる。アイスクリームのカップのまわりにナイフを入れて器に移し、チョコレートソースを回しかける。

甘酒あずきアイス

材料（作りやすい量）
甘酒（砂糖、アルコール分の入っていないもの）
....200㎖
生クリーム ....200㎖
ゆであずき（缶詰）.................. 約200g

生クリームをボウルに入れ、泡立て器で手早く混ぜる。軽くとろみがついたら甘酒を全部加えて混ぜ合わせる。そこにゆであずきも加え、軽く混ぜてバットなど平らな器に流し入れる。ラップをかけて冷凍庫に入れ、しっかり固まるまで5～6時間冷やす。生クリームを泡立てるのが面倒なら、そのまま甘酒と混ぜてもいい。少し締まった感じの仕上がりになる。

長尾智子

ながお・ともこ／フードコーディネーター。書籍
や雑誌の執筆、食品や器の企画やディレクション、
食にまつわる提案を主に活動する。著書は『ティー
とアペロ』(柴田書店)、『食べ方帖』(文化出版局)
など多数。vegemania.com

写真　赤尾昌則

取材・構成　北村美香

ブックデザイン　奈雲裕介

企画協力　山本晃弘

初出：『AERA STYLE MAGAZINE』
　　　(Vol.12〜41)、公式WEBサイト

料理の時間

2021年7月30日 第1刷発行

著　　者　長尾智子

発 行 者　三宮博信

発 行 所　朝日新聞出版

〒104-8011東京都中央区築地5-3-2
電話 03-5541-8832(編集)
03-5540-7793(販売)

印刷製本 凸版印刷株式会社